인문 여행자,
사라진 시간을 걷다

인문 여행자,
사라진 시간을 걷다

김경한 지음

문학과 예술이 태어난 곳으로 떠나다

쌤앤파커스

추천사

김경한의 여행은 늘 한 박자 더 멈추게 한다. 먼저 걷고 오래 느끼게 해준다. 그의 문장들은 풍경 너머로 품고 있는 이야기와 사유의 세계로 이끄는 초대장이자, 드물게 허락되는 품격 있는 여행이다. 사색하고 느끼고 싶은 갈증을 풀어주는 책이다.

- 최중경(한미협회 회장, 전 지식경제부 장관)

여행은 '어떻게' 보았는가의 시각이 곧 관점이다. 오랜 시간 세계를 걸어온 저자는 사색으로 장소를 바라본다. 그 위에 남겨진 흔적을 미학적으로 접근하며 깊이를 함께 선물한다. 한 권의 책이 이렇게 넓은 지평을 품을 수 있다니 경이롭다.

- 진옥동(신한금융지주 회장)

여행 가방 맨 앞에 꽂아두고 싶은 책이다. 여행지가 어디든 관계없이 여행에 대한 감성과 태도에 관한 책이기 때문이다. 페이지마다 촘촘한 인용구는 여행을 권하는 주문처럼 매력적으로 다가온다. 1부 첫머리에 나오는 존 스타인벡의 말처럼 "사람이 여행을 데리고 가는 게 아니라, 여행이 사람을 데리고 간다"를 실감하게 해주는 책이다.

- 양정무(한국예술종합학교 교수)

여행 좋아하는 사람에게는 반가운 동행이 되어주고, 당장 떠나지 못하는 사람에게는 함께 사유할 공간을 내어주는 책이다. 인생의 중심을 단단히 세우고 싶은 이들에게 건네고 싶다.

- 김재식(미래에셋생명 부회장)

따뜻한 문장과 깊은 내면의 생각을 함께 그려내는 이야기들이 압권이다. 작가의 인문 칼럼을 다시 찾아 읽은 적이 많다. 반복해서 대할수록 의미가 살아나고 숙성된 맛이 배어난다. 고단한 일상 속에서 현실도피를 꿈꾸게 하는 대리만족의 비타민처럼 복용하고 싶다.

– 방문신(SBS 사장)

이 책은 페이지를 넘길수록 시야가 넓어지는 기쁨을 준다. 문학과 예술이 태어난 공간에 겹겹이 쌓인 시간을 펼쳐 보이는 저자의 시선이 아름답다. 문득 잊고 지나가던 영혼의 소리들을 들려준다.

– 정세학(장학건설 회장)

여행은 자신을 돌아보는 시간이다. 내면으로 향하는 여정의 수많은 울림이 담겨 있는 이 책을 아끼는 이유다. 단번에 읽기 아쉬워 문학과 역사의 인문 세계를 조금씩 섭취하듯 즐기고 싶은 역작이다. 누구나 자신의 가슴속에 거대한 사원이 있다는 작가의 이야기에 공감한다. 여행지를 함께 따라가면서 '카이로스의 시간'을 공유하고 싶다.

– 송미선(하나투어 사장)

길은 언제나 우리보다 앞서 있다

하루의 끝자락에서 나는 여전히 걷고 있다. 햇살이 사라진 거리는 사람들의 발자국 대신 기억의 언어로 채워진다. 도시의 골목에는 오래된 돌담이 있고 바람은 그 위를 스쳐 지나간다. 그 바람의 감촉은 시간을 거슬러 올라가듯, 잊고 있던 기억을 어제의 일처럼 생생하게 불러온다. 이처럼 우리 인생에서 '사라진 시간'은 그저 사라지는 것이 아니다. 우리 곁에 다른 모습으로 계속 머물며 존재한다.

나는 많은 도시를 방문하고 걸으며 시간의 겹 속에 남겨진 흔적들을 보았다. 빛이 바랜 역사로 공간을 채운 담벼락, 화가의 옆집으로 이어진 작고 아담한 가게들, 이념과 차이를 다투며 세월을 보낸 이름 없는 골목, 그리고 동시대인들의 일상이 머물던 곳들을 찾아다녔다. 누군가의 삶이었던 자리들이 조용히 증언해주었고, 그 안에는 흘러가버린 수많은 사연들이 쌓여 있었다. 그 흔적 앞에서 나는 종종 걸음을 멈추곤 했다.

몬터레이에서 마주친 존 스타인벡John Steinbeck의 문학, 킬리만자로에서 조우한 어니스트 헤밍웨이Ernest Hemingway의 소설, 아일랜드에서 맛본 싱글 몰트 위스키의 향기는 아직도 내 몸 어딘가에 가라앉아 있다. 노블레스 오블리주의 표본이었던 칼레에서 일렁였던 감정은 뉴올리언스의 재즈 연주와 겹쳐지며 기억에 채워졌다. 홀로 경비행기를 타고 태국의 옛 도읍지 수코타이에 도착해 적막한 성터를 걷던 어느 오후, 그곳에서 마주친 한 소녀의 투명하고 순한 눈망울도 여전히 또렷하다.

사라진 시간을 걷는다는 것은 결국 잊힌 존재들을 다시 바라보는 일이다. 내면의 만남과 사유를 통해 오래전의 나, 의미 없이 흘려보냈던 감정, 미처 접해보지 못했던 낯선 땅들의 풍경을 되살려보고자 했다. 그렇게 과거의 장면들을 지금의 시선으로 돌아보면서 나는 깨닫는다. 여행은 공간의 이동이 아니라, 시간과 의미의 잔상을 찾아가는 사유의 행위임을 말이다.

길 위에서 나는 자주 생각했다. 우리는 누구나 자신만의 사라진 시간을 안고 살아간다. 그것은 잃어버린 청춘일 수도, 한때 사랑했던 사람의 미소일 수도 있다. 혹은 문학적 감성과 낭만의 울림이 간직된 공간일지도 모른다. 그 시간들은 완전히 사라지지 않고 다른 형태로 남아 새로운 현재를 만들어낸다. 그렇게 우리의 여정은 이어진다.

사람은 누구나 잠시 멈춰 설 때가 있다. 그때 우리가 잊고 살았던 것들이 다시 주머니에 들어온다. 소설가의 숨결이 살아 있는 문학의 현장을 지나는 구름을 바라보고, 역사의 광장에서 닳아 없어지는 시간의 감촉을 느낀다. 마음속 어딘가에 작은 불빛처럼 살아 있는 기억들을 따라가려는 시도, 그것이 바로 이 책이 담아낸 기록이다.

이 책은 기출판된 《인문 여행자, 도시를 걷다》의 연장선에 있다. 네이버를 통해 《컨슈머타임스》에 연재되는 동안 부족한 글들을 아껴주신 독자 여러분께 깊은 감사를 드린다. 또한 출판을 응원해주신 SECO 배석두 회장님, 좋은 책을 만들어주신 쌤앤파커스 출판사 이원주 대표와 편집팀에도 가슴으로 고마움을 올린다.

인생은 긴 항해의 여정이다. 고대 그리스인 호메로스^{Homeros}의 《오디세이》는 인류 문학사의 서막을 화려하게 연 불멸의 작품이다. 전쟁을 마친 주인공이 끝내 돌아가고자 했던 고향 이타카는 오랫동안 내가 마음속에 품어온 목적지이기도 했다. 그리고 후세의 그리스 시인 콘스탄티노스 카바피^{Constantine Cavafy}의 시 《이타카》는 지치고 힘들 때마다 등불로 간직해온 내 인생의 문장이다.

언제나 이타카를 마음에 두라.
너의 목표는 그곳에 이르는 것이니.
그러나 서두르지 마라.
비록 네 갈 길이 오래더라도

늙고 나서야 그 섬에 이르는 것이 더 나으니.
길 위에서 너는 이미 풍요로워졌으니,
이타카가 너를 풍요롭게 해주기를 기대하지 마라.

이타카는 아름다운 모험을 선사했고
이타카가 없었다면 네 여정은 시작되지도 않았으리니,
이제 이타카는 너에게 줄 것이 하나도 없다.

설령 그 땅이 불모지라 해도
이타카는 너를 속인 적이 없고
길 위에서 너는 지혜로운 자가 되었으니,
마침내 이타카가 가르친 것을 이해하리라.

– 콘스탄티노스 카바피,《이타카》중에서

리스본의 골목 벤치에 앉아 다음 여정을 상상했다. 문학과 역사의 시간을 찾아 걷는 일은 당분간 계속되리라. 시대가 바뀌고 풍경이 사라져도 내 시선은 여전히 사라진 시간의 그림자를 향할 것이다. 존재와 부재, 기억과 망각이 교차하는 그 경계 위에서 나는 묻고 또 묻는다. 내 마음이 동의하고 기쁘게 이끌려가는 '카이로스의 시간'이 만들어지고 있는지를.

김경한

차례

1부

문학으로 걷다

사람이 여행을 데리고 가는 게 아니라,
여행이 사람을 데리고 간다.

_ 존 스타인벡, 《찰리와 함께한 여행》 중에서

존 스타인벡,
분노의 포도

미국 몬터레이

◠ 몬터레이 해안

참 이상한 일이다. 책이라는 물건은 읽으면 읽을수록 더 읽게 되고, 그러다 보면 어느새 쓰고 싶어진다. 그 행위를 반복하는 사이, 나는 종종 가방을 챙겨 낯선 곳으로 떠나곤 한다. 그렇게 도착한 곳이 미국 캘리포니아의 몬터레이였다.

16세기 중반, 멕시코를 식민지로 삼은 스페인은 태평양 연안을 따라 북쪽을 탐사하던 중 툭 튀어나온 몬터레이반도를 기록해두었다. 가지런한 해안선과 풍부한 어자원, 온화한 기후는 언젠가 자본과 시설이 모일 만한 조건이었다. 이후 이곳은 미국 해군대학원과 해양연구소, 대규모 수족관이 차례로 들어서며 사람들을 끌어들이는 안테나가 되었다. 자갈만 뒹굴던 해변가는 손꼽히는 휴양지로 변했고, 마차가 지나던 길은 캘리포니아 해안을 따라 다양한 문명이 오가는 통로로 자리 잡았다.

그리고 긴 역사 위에 나의 시간도 겹쳐졌다. 20년 만에 다시 마주한 바다는 이전과 다른 얼굴을 하고 있었다. 바위는 파도에 씻겨 모래가 되었고 싱그럽던 사이프러스 나무들은 부분부분 고사목으로 변해 있었다. 하루에도 몇 번씩 밀려드는 바다 안개는 아름다운 해변을 흰 베일로 가렸다 벗기듯 드나들었다. 그 세월 동안 날카롭던 나의 시각은 무뎌졌고 곁에 있던 많은 이들이 세상을 떠났다. 바람과 태양만이 쉼 없이 시간의 흐름에 따라 윤회할 뿐, 생명들은 풍화되어 희미한 기억으로 남았다.

이처럼 시간의 흔적이 겹겹이 쌓인 몬터레이 해안이 관광지를 넘어 하나의 문학적 풍경으로 남게 된 이유는 20세기 미국 문학을 대표하는 소설가 존 스타인벡의 작품 세계와 깊이 맞닿아 있기 때문이다. 그가 머물며 파도를 마주했던 바닷가는 시간이 흘러 북적이는 관광지 캐너리 로로 변했다. 작은 흉상 하나만이 잊혀가는 대작가의 영혼을 붙들고 있었고, 길가 전봇대에는 스타인벡의 얼굴을 그린 캐리커처 깃발이 바람에 펄럭였다.

스타인벡은 몬터레이 근처 살리나스에서 가난한 농사꾼의 아들로 태어났다. 스탠퍼드대학교에 진학했으나 중퇴했고, 곧바로 고단한 삶의 현장으로 내몰렸다. 별장지기와 벽돌 운반, 마차 수리 같은 잡일을 전전하며 보낸 암울한 청년기는 그가 사회 하층에서 소설의 줄거리와 주인공을 골라내게 만든 배경이었다. 그렇게 미국 자본주의의 모순은 노동자와 농민의 이야기를 통해 그의 작품 속에 자연스럽게 투영되었다.

스타인벡이 본격적으로 주목받기 시작한 작품은 《생쥐와 인간》이었다. 비천한 두 이주 노동자의 우정을 그린 이 작품은 대중의 관심을 모았고, 이후 희곡으로 각색되어 뉴욕의 공연 무대에도 올랐다. 일약 문단의 주목을 받으며 경제적 안정을 얻게 된 그는 차 한 대를 마련해 미국 중부 오클라호마로 여행을 떠났다. 그곳에서 그는 가뭄으로 메말라버린 땅에서 이자조차 감당하지 못해 농토를 빼앗기고, 가혹한 노동 끝에 캘리포니아로 희망을 찾아 떠나는 이들을 만났다. 스타인벡은 이주민들과 긴 여정을 함께했다. 스타인벡에게 퓰리처상을 안겨준 대표작 《분노의 포도》는 바로 그들의 이야기다.

⌐ 존 스타인벡 흉상

굶주린 민초民草들의 눈에는 분노의 포도가 주렁주렁 매달리고
있었다. 그 분노의 포도는 수확기를 향해 알알이 더욱 무겁게 영
글어갔다.

- 존 스타인벡, 《분노의 포도》 중에서

소설의 주인공 톰 조드 일가는 대공황기 오클라호마에서 모든
것을 잃고 캘리포니아로 이주한다. 기근과 자본가의 토지 수탈로
삶의 기반을 잃고 심신이 파멸로 내몰린 그들에게 다른 선택지는

존재하지 않는다. 그러나 새로운 땅 역시 노동과 굶주림의 연속이다. 지주들은 사람들이 굶어 죽어나가는데도 가격 유지를 위해 오렌지 더미에 석유를 붓고, 수천 마리의 돼지를 도살한 뒤 생석회를 뿌려서 땅에 매장한다. 개미처럼 일하고도 굶주려야 했던 노동자의 마음속에서 분노의 포도는 서서히 영글어간다. 캘리포니아 농장의 포도는 농장주의 소유일 뿐, 그들에게 남은 것은 먹을 수 없는 분노뿐이다.

스타인벡은 그 삶의 참담한 공포와 경제적 혼란 한가운데를 관찰자의 시선으로 관통한다. 《분노의 포도》에는 주인공 톰 조드의 동행인 선교사 존 케이시를 통해 절망 속에 놓인 인간의 구원과 희망이라는 물음을 성서적 언어로 풀어내려 애쓴 흔적이 작품 곳곳에 배어 있다. 그는 인간이 처한 절망을 외면하지 않으면서도 그 절망을 넘어서는 윤리가 어디에서 비롯되는지를 끝까지 질문한다.

이 같은 사유의 흐름은 스타인벡의 야심작 《에덴의 동쪽》에서도 이어진다. 극한에 몰린 대부분의 인간은 '나'라는 존재의 중심을 찾으려 애쓴다. 그러나 이 소설은 그 중심이 선과 악 사이에서 무엇을 선택하느냐에 따라 끊임없이 달라진다고 말한다. 삶의 곳곳에 흩어진 경험들은 가족과 사랑, 책임의 기로에서 서로 충돌하고 연결되며, 그 속에서 인간들은 스스로의 선택을 자각하게 된다. 《에덴의 동쪽》의 주인공들 역시 자신의 영혼이 타고난 운명이라기보다 타인과의 관계 속에서 어떤 선택을 반복하느냐에 의해 형성된다는 사실을 서서히 깨닫는다.

　이처럼 개인의 고통을 사회구조의 문제로 확장하는 사회주의 리얼리즘 때문에 《분노의 포도》는 출간 직후 미국 각지에서 법적 고발과 금서 논란에 휘말렸다. 그러나 역설적으로 그 소란은 작품을 대중 앞에 드러내는 기폭제가 되어 이 소설을 베스트셀러 반열에 올려놓았다.

　그 치열한 논쟁의 한복판을 지나며 스타인벡의 시선은 점차 사회에서 다시 개인으로 이동했다. 그가 생의 말년에 남긴 《찰리와 함께한 여행》은 스타인벡 개인의 삶을 고스란히 담아냈다. 반려견 찰리를 자동차 로시난테에 태우고 40일 동안 광활한 미국 중서부를 횡단하며 써내려간 기록들이다. 그는 그 여정의 끝에서 이렇게 적었다.

　사람이 여행을 데리고 가는 게 아니라, 여행이 사람을 데리고 간다.

　　　　　　　　　 - 존 스타인벡, 《찰리와 함께한 여행》 중에서

　그의 문장을 곱씹다 보니 나 역시 길 위에 서 있다는 사실을 깨달았다. 그렇게 몬터레이를 떠난 뒤, 여행의 다음 밤은 샌프란시스코에서 맞이했다. 이따금 오가는 트램 소리에 새벽잠을 깨고 나서야 가파르기로 유명한 롬바드거리 아래의 숙소에서 눈을 떴다는 사실을 실감했다. 문득 간밤에 꾼 꿈 이야기를 메모하고 싶었지만, 아무리 둘러봐도 편지지나 메모장은 보이지 않았다. 스마트폰 시대의 단면이다. 할 수 없이 가져온 책의 여백에 습관처럼 무엇인가를 쓰기 시작했다. 그 사이 창밖 유니온스퀘어의 넓은 광장으로는 하나둘씩 사람들이 오가고 있었다.

꿈에서 나는 존 스타인벡을 주제로 한 백일장의 심사위원이 되어, 제출된 원고들을 꼼꼼하게 살피고 당락을 결정하는 역할을 맡았다. '분노의 포도송이'를 더욱 무겁게 만들어가는 현실을 딛고 그럼에도 이 세상은 여전히 살아볼 만한 가치가 있다는 대목들이 유독 내 마음과 상통했다. 그렇게 당선작을 결정하고 나서야, 영혼의 파편에 맞아 고통받고 분노하기보다 흩어진 영혼을 전부 품에 안고 싶어진 지금의 나를 발견한 느낌이 들었다. 마치 꿈속에서 또 하나의 꿈을 만난 듯한 순간이었다.

꿈속의 순간을 책 한쪽에 기록하다 보니 어느새 아침 해가 떠올랐다. 언덕 아래 도심지 끝자락 너머로 금문교가 모습을 드러냈고, 북쪽 나파밸리와 소노마밸리에서 포도를 익히던 구름대는 빠르게 남하하고 있었다. 해변을 따라 남쪽으로 내려가면 다시 몬터레이가 나온다. 그 길 끝에서 나는 다시 한번 소설가가 머물렀던 오두막터를 만나게 될 것이다.

시바 료타로,
한 나라의 질문이 된 국민 작가

일본 오사카

자동차는 오사카 시내의 동쪽 끝을 향해 달렸다. 나지막한 일본식 주택이 잘 정돈된 골목길을 두어 번 돌아 시바 료타로司馬遼太郎가 생전에 살던 집 앞에 멈춰 섰다. 계절을 맞춰 오지 못한 탓에 그가 서재에서 바라보며 즐겼다는 유채꽃은 보이지 않았지만, 대신 글을 쓸 때 덮었다던 무릎 담요가 안락의자에 그대로 놓여 있었다. 주인이 잠시 외출한 듯한 거실 분위기 덕분에 지성미가 넘쳤던 시바의 생전 모습이 또렷하게 떠올랐다. 유리문 너머 금방이라도 그가 다가와 미소를 건넬 것만 같았다.

시바는 난세를 살았다. 그는 온몸으로 시대를 관통하며 가슴에서 우러나오는 역사적 질문을 쉼 없이 던졌다. 오사카외국어대학교에서 몽골어를 전공한 그는 학도병으로 전쟁에 참가해 만주에서 전차병으로 종전을 맞았다. 이후 《신일본신문》과 《산케이신문》의 기자가 되었지만, 그는 기사 작성보다 일본과 일본인의 본질에 대한 탐구에 더 깊이 빠져들었다. 역사를 해석하는 그의 독보적 관점이 뼈대를 갖춘 시기였다. 결국 그는 언론사를 떠나 소설가의 삶을 택했다.

1960년 《올빼미의 성》으로 나오키상을 수상하며 자질을 입증한 시바는 1962년부터 1966년까지 대표작 《료마가 간다》(전 8권)를 신문에 연재하며 일본 사회를 뒤흔들었다. 소설의 주인공인 사카모토 료마는 실존 인물로, 에도막부 말기의 풍운아이자 혁명가였다. 그러나 당대에는 대중에게 널리 알려진 인물이 아니었고, 그의 이름은 시바의 소설을 통해 100여 년 만에 완벽하게 부활했다. 메이지유신에 중요한 영향을 미친 전략가 료마는 그렇게 한 소설가의 손끝에서 재탄생했다.

《료마가 간다》를 처음 손에 넣은 날, 순식간에 3권까지 읽으며 느꼈던 흥분이 아직도 생생하다. 이 책은 단순한 전기가 아니었다. 그는 료마라는 인물을 통해 열강으로 도약하는 근대 일본의 태동을 그려내고자 한 것이다. 그리고 2010년, 일본 방송사 NHK는 이 작품을 각색한 대하드라마 〈료마전〉을 제작해 다시 한번 일본열도를 달궜다. 전쟁 이후 세대에게 미래의 좌표를 제시하고자 했던 시도였다. 주인공 료마 역을 맡았던 배우는 단숨에 국민 스타 반열에 올랐고, 촬영지는 순식간에 유명 관광지로 바뀌었다. 더불어 료마의 고향 시코쿠에도 방문객들의 발길이 끊이지 않았다.

《료마가 간다》로 에도막부 말기의 격동을 그려낸 이후에도 시바는 메이지시대를 본격적으로 조명하는 작업을 멈추지 않았다. 정치가 에토 신페이의 비극적 일대기를 그린 《세월》, 군인 오무라 마스지로의 생애를 추적한 《화신》, 아키야마 형제의 조국애를 묘사한 《언덕 위의 구름》(전 10권)에 이르기까지 그의 작품들은 모두 불멸의 역작으로 남았다. 《료마가 간다》와 《언덕 위의 구름》은 도합 3500만 질이 판매되었는데, 낱권 기준으로는 3억 3천만 부에 달하는 놀라운 수치다. 상상을 넘어서는 역사소설 시대가 한 작가로부터 열렸다.

시바가 생전에 들꽃을 심고 가꾸던 앞마당에는 그를 위한 기념관이 들어섰다. 세계적 건축가 안도 다다오가 설계한 이 건축물은 입구와 출구가 달팽이관처럼 곡선을 그리며 서로 연결되어 있다. 그는 집필을 시작하기 전에 반드시 트럭 한 대 분량의 자료들을 모았다고 전해지는데, 그 사실을 증명하듯 지하 2층부터 지상 3층까지 이어진 거대한 벽면이 4만 권의 책으로 빼곡했다. 고증과 현장 답사에 충실했던 대가의 태도가 공간 곳곳에서 느껴지는 순간이었다. 다른 벽 한편에는 시바의 육성이 담긴 영상이 반복적으로 재생되며 방문객들의 발길을 붙잡았다.

공간을 거닐다 보니 시바는 소설가를 넘어 역사가를 꿈꾸었다는 사실이 떠올랐다. 시바가 평생 도달하고자 했던 역사가의 이상향은 한나라의 사마천이었다. 그는 전쟁에 나가 패한 장수를 두둔

⊂ 햇빛이 들이치는 시바 료타로 기념관

했다는 이유로 생식기가 잘리는 궁형을 당하고도 역사를 기록하는 일을 멈추지 않은 인물이다. 세계사에서는 고대 그리스의 헤로도토스Herodotus나 투키디데스Thucydides를 최고로 꼽지만, 아시아에서 단연 으뜸은 《사기》의 저자 사마천이다. 2천 년 동안 존경받아 온 사마천은 시바가 도달하고자 했던 인생의 목표였다. 그는 본명 후쿠다 데이이치福田定一를 버리고 사마천(일본어로 '시바 센'이라 부른다)의 성을 따서 '시바 료타로'로 바꾸며 완벽한 역사가가 되기를 꿈꿨다.

시바는 유작 《21세기 청년들에게》를 통해 '당신들이 걷고 있는 21세기는 어떤 시대인가?'라고 묻는다. 생전에 남긴 120여 편의 저작에서 한결같이 강조해온 역사 인식을 다음 세대에게 건네며 생을 마감한 셈이다. 미래의 일본이 어떤 모습이어야 하는지, 어떤 방향을 선택해야 하는지를 되묻는 질문이었다. 메이지를 거쳐 열강의 자리에 올랐던 일본은 시바가 남긴 질문을 통해 비로소 자신들이 서 있는 세계사적 위치를 다시 성찰할 수 있었다.

이처럼 시바 료타로가 일본에서 맡았던 역할은 한 시대의 역사인식을 새로 짜는 일이었다. 그렇다면 한국에도 시바와 같은 역할을 했던 작가는 없었을까? 그 질문 끝에서 나는 자연스럽게 신봉승 선생을 떠올렸다. 그는 작고 전 마지막 인터뷰에서 "일본에 시바 같은 소설가가 있다는 것은 하늘의 보살핌이다"라고 고백한 바 있다. 《조선왕조 500년》(전 48권)을 소설로 남긴 그는 역사는 외워야 할 기록이 아니라 관점으로 해석해야 한다는 문제의식을 우리 사회에 던졌다.

과연 우리는 한국 역사에서 큰 족적을 남긴 위대한 인물들을 어떻게 기억하고 있는가? 관점으로 역사를 읽는다는 말의 의미를 곱씹으며, 시바의 집을 천천히 돌아 나왔다.

다자이 오사무,
아름다운 몰락의 자리

일본 쓰가루

쓰가루 벌판은 끝없는 지평선이 하늘과 맞닿아 있었다. 광활함을 넘어 현실감이 흐려질 만큼 감각을 압도하는 풍경이 눈앞에 펼쳐졌다. 문득 시야를 가득 채운 눈부심에 나는 잠시 말을 잃었다.

일본열도에서 이 정도의 대평원은 쉽게 마주치기 힘든 광경이다. 게다가 이 땅은 지리적으로도 일본의 통념에서 비껴난다. 일본의 다른 지역들은 해안선과 산지가 복잡하게 얽혀 울퉁불퉁한 지형을 이루고 있는 데 비해, 아오모리 서쪽의 쓰가루반도는 유난히 간결한 모양으로 바다에 몸을 내밀고 있다. 이렇게 뚜렷한 대비는 여행자의 감각 속에서 쓰가루를 여전히 일본의 변방에 머물게 한다.

일본의 국보급 소설가 다자이 오사무太宰治는 쓰가루 평원의 대

ㄷ 쓰가루반도 끝자락에서 바라본 동해

지주 집안에서 태어나, 군웅이 할거하던 중심지가 아닌 일본열도의 끝자락에 가까운 변방에서 성장했다. 그의 생가로 향하는 길 위에서 이 거리감이 단순한 지리적 문제가 아니라는 사실을 조금씩 실감하게 되었다.

고리대금업으로 부를 모아 귀족의 반열에 오른 부친과 가문의 위상은 어린 그에게 피하고 싶은 부끄러움이었다. 또한 쓰가루 평야의 소작농들이 지주들에게 착취당하는 풍경은 훗날 다자이의 데카당스(퇴폐주의) 문학 세계를 형성하는 토양이 되었다. 부정적 인생관과 염세주의, 패배주의는 이 시기부터 그의 작품 세계에 서서히 뿌리를 내리기 시작했다.

젊은 날의 다자이는 쓰가루에서 목격한 빈부의 간극을 마음에 품은 채, 부의 정당성 자체를 의심하기 시작했다. 유복한 자신의 정체성과 집단, 그리고 인생의 의미를 둘러싼 실체적 의문이 그를 지배했다. 더불어 전쟁에 광적으로 몰입하던 일본 사회는 모든 청년을 전장으로 끌고 갔고, 그 끝에 맞이한 패전은 그를 니힐리즘(허무주의)으로 밀어붙였다. 그의 작품을 떠올리며 걷다 보니 불안과 분열이 문학적 설정이 아니라 그가 실제로 견뎌온 삶의 체온이었다는 사실이 더욱 또렷해졌다.

파격과 일탈로 인생행로를 고집한 그에게 부모가 바랐던 제도권 인생은 애초에 선택지가 아니었다. 어느 날, 대학생이던 다자이는 게이샤를 집으로 데려와 애인이라고 소개했다. 당시 명문가 자식으로서는 상상하기 어려운 행동이었으니, 모친에게는 지옥 같은 고통을 안긴 불효였다. 이후에도 그는 자살 소동과 마약 중독 등 끊이지 않는 파문을 일으키며 잡히지 않는 허무를 좇아 방황했다. 그리고 그 사이 전후 농지개혁으로 몰락한 집안의 모습은 대표작 《사양》을 통해 자전적 고백으로 남았다.

《사양》은 일본의 패전 이후 귀족 가문이 서서히 몰락하는 과정을 그린 작품이다. 점점 기울어가는 가문의 운명을 '지는 태양'에 비유한 제목부터 상징적이다. 어머니와 화자인 가즈코, 남동생으로 이어지는 세 인물의 최후는 작품 속에서 절제된 문체로 흐른다. 가즈코의 시선을 따라 3인칭으로 전개되는 소설은 당시 일본 문학에서는 보기 드문 형식이었다. 다자이는 한때 화려했으나 쇠락

할 수밖에 없었던 가족의 운명을 마치 수채화처럼 그려냈다. 붓으로 덧칠하고 또 덧칠한 끝에 남은 애잔한 한 폭의 그림 같은 소설이다.

화자인 가즈코는 가냘픈 귀족 부인 어머니의 마지막을 위해 도쿄의 저택을 포기하고, 아무도 모르는 작은 온천 마을 아타미로 내려간다. 그곳에서 가즈코의 어머니는 성대했던 젊은 날을 추억하며 조용히 눈을 감는다. 어머니가 떠난 후, 징집되었던 남동생 나오지가 난요 군도에서 돌아오지만, 그는 이미 폐인이 되어 술과 마약에 의지한 채 인생을 비관하다 끝내 자살하고 만다. 홀로 남은 가즈코는 나오지의 문학 선생 우에하라를 찾아가 마음으로만 품어왔던 사랑을 고백하고, 그렇게 그와 결혼하여 아이를 낳게 된다. 그러나 우에하라 역시 나오지처럼 술과 도박에 잠식된 일상에 빠져 허우적거린다. 결국 가즈코는 우에하라를 떠나 아이와 함께 새로운 삶을 찾아 나선다.

"나는 확신하고 싶다. 인간은 사랑과 혁명을 위해 태어났다." 가즈코의 독백으로 남겨진 이 문장은 지금까지도 일본 문학사의 경구처럼 회자된다. '사양斜陽'이라는 단어에 '몰락'의 의미를 덧씌울 만큼 영향력이 큰 작품이다. 전후 일본 사회에서는 상류층의 쇠퇴를 가리켜 '사양족'이라는 신조어가 생겨났고, 방황하던 청년들은 스스로를 '다자이족', '사양족'이라 불렀다.

70여 년이 흐른 지금까지도 《사양》은 일본의 국민 소설 반열에 머무르고 있다. 쓰가루 벌판을 가로질러 다자이 오사무의 생가인 사양관으로 향하는 길에서 다시 읽어보아도 일본열도의 정서를 고스란히 품은 걸작이다. 가진 자와 가지지 못한 자, 강자와 약자의 구도는 작품마다 숨은 얼개처럼 반복된다. 이러한 구도 속에서 드러나는 다자이만의 독자성과 보편성, 유연하면서도 우아한 문체, 소설의 저변을 흐르는 시대의 정서 그리고 인물들이 품은 애잔한 사연들은 다자이 문학의 생명력을 현대까지 이어오게 한 메타포다. 《달려라 메로스》, 《쓰가루》, 《인간 실격》 역시 세대를 넘어 사랑받아 왔다. 서로 다른 주인공들은 결국 다자이 자신의 인생을 고백하는 분신처럼 겹쳐진다.

> 부끄럼 많은 생애를 보냈습니다. 저는 인간의 삶이라는 것을 도무지 이해할 수 없습니다. 이제 더 이상 소설도 쓰기 싫어졌습니다.
>
> – 다자이 오사무, 《인간 실격》 중에서

1949년, 다자이 오사무는 도쿄 다마가와에서 연인 야마자키 도미에와 함께 투신해 생을 마쳤다. 세 번의 자살 시도 끝에 맞이한 죽음이었다. 문학 스승 이부세 마스지가 주선해준 신혼살림마저 뒤로한 채, 그는 끝내 자신이 선택한 방식으로 삶을 닫았다. 그가 남긴 유서는 부끄러움을 모른 채 살아가는 인간들에게 던지는 날카로운 칼처럼, 지금도 청춘들의 잠언으로 남아 있다.

사양관은 그를 기리는 사람들로 가득했다. 쓰가루의 정서를 담

○ 다자이 오사무가 태어난 사양관

은 옛 건축물 안에는 가족들이 쓰던 물건과 다자이의 학사모, 유품들이 그대로 남아 있었다. 아오모리역에서 고쇼가와라를 거쳐 두 시간 가까이 달려야 닿는 거리다. 다자이 문학은 간이역 가나기와 작은 마을 곳곳에서 카페 다자이, 문학 열차 '달려라 메로스' 같은 이름으로 여전히 함께 살아 숨 쉬고 있었다.

　돌아오는 길, 지평선은 갈 때보다 더욱 황홀했다. 햇살이 엷어진 여름 석양은 빠르게 저물었고, 벌판을 가로지르는 기차는 오른편에 우뚝 선 이와키산을 중심으로 그 언저리를 끝없이 맴도는 듯

보였다. 그 모습은 마치 우리네 인생을 닮아 있었다. 창밖으로 스치는 풍경을 바라보며 나는 다자이 오사무의 삶을 떠올렸다. 그 순간, 이미 시간 속으로 사라진 줄 알았던 세상의 모든 업이 하나둘 기억으로 마주 오는 듯했다. 그는 진정으로 자기 운명의 지배자이자 영혼의 선장이었을까. 파격과 일탈로 생각의 규격을 벗어나고자 했던 한 소설가의 상념이 어두워지는 쓰가루 벌판으로 흩어지고 있었다.

나가사키 해변의
침묵

일본 나가사키

바다는 침묵하지 않는다. 세상을 밀고 올라오는 소리와 쓸려 내려가는 소리가 포개어지며 경계를 가늠할 수 없게 만든다. 밀물과 썰물이 오가는 소리만이 영원으로 남는 곳이다. 영원히 바위를 밀어 올리는 벌을 받은 시시포스^{Sisyphos} 신화처럼 끝없이 반복되는 움직임의 틈 사이로 무수한 생명들만 명멸하는 오후였다. 남쪽 머나먼 태평양 해원에서 불어오는 바람은 점점 더 온기가 완연해졌다.

작은 어촌 소토메는 나가사키에서 자동차로 이동하기에 지루하지 않은 적당한 거리였다. 수평선이 하늘과 만나는 지점까지 눈으로 볼 수 있을 만큼 맑은 해변은 생각보다 오래 사람을 붙잡아두는 힘을 지니고 있었다. 일본의 대문호 엔도 슈사쿠^{遠藤周作}는 이곳에서 소설 《침묵》을 구상했다. 천주교 신자였던 그는 소토메 해변을 거닐며 명상하고, 쓰고, 구도하는 시간을 가졌다. 그리고 17세기 에도막부시대 잔혹했던 천주교도 박해의 역사적 현장은 끝내 그의 사유에서 떨어지지 않았다. 신 앞에 선 인간의 순교와 배교를 밀도 높은 문체로 그려낸 그의 작품《침묵》은 시간이 흘러도 빛을 잃지 않는다.

에도시대 나가사키는 포르투갈과 교역이 빈번했다. 선교사들도 한국보다 200년이나 앞서 유입되어 한때 수십만 명에 이르는 신도가 존재했다.《침묵》은 이러한 역사적 사실을 바탕으로, 어느 날 로마 교황청으로 전해진 사제 크리스토방 페레이라의 배교 소식으로 시작한다. 이를 믿을 수 없던 두 제자는 진상을 확인하기 위해 일본에 잠입하지만, 얼마 지나지 않아 관리들에게 붙잡히고 만다. 이후 이어지는 갖은 고문과 강제 배교에 맞서는 사제들의 인간적 심리를 묘사한 대목은 지금 읽어도 숨이 막힐 만큼 집요하다.

두 제자 중 가르페 사제는 바다에 던져진 신도들을 구하려다 함께 뛰어들어 죽고, 남겨진 로드리게스 사제는 잔혹한 심문을 당하며 자신을 따르던 신도들이 고문당하는 장면을 목격한다. 그를 따르던 일본인 신도 모카치와 이치조는 해변의 십자가 말뚝에 묶인 채 며칠을 고통 속에 버티다 죽고, 또 다른 신도는 오물로 가득 찬 구덩이 위에 거꾸로 매달린 채 귓불에 난 상처로 피를 흘리다 고통스럽게 생을 마감한다. 그동안 마을 사람들은 해풍을 타고 들려오는 울부짖음을 통해 극한의 공포를 겪는다.

살아남은 로드리게스 사제는 갖은 고문 끝에 후미에(예수나 마리아가 새겨진 나무판을 짓밟는 행위)를 강요당한다. 후미에와 죽음을 흥정하듯 강요당한 끝에 그는 결국 성인의 얼굴을 밟고 만다. 죽음 앞에서 생존을 선택하는 순간이다. 끝까지 거부하다 죽는 순교와 밟고 살아남는 배교 사이의 심리 대비는 누구도 시선을 뗄 수 없게 만든다.

그 이후 로드리게스는 일본인과 결혼해 일본에서 남은 생을 마친다. 신앙을 버린 자로 기록된 그의 죽음은 불교식 장례로 치러지지만, 아내는 남들 몰래 그의 손에 작은 십자가를 쥐어준다. 저승길에 동행해줄 영혼의 동반자를 보내는 심정일 것이다.

이교도 처형은 로마시대에도 잔인했다. 천주교도들은 산 채로 원형경기장에 던져져 사자의 밥이 되거나 군중 앞에서 화형을 당했다. 이처럼 거센 박해 속에서도 천주교는 끝내 꺾이지 않았고, 마침내 로마의 국교로 자리 잡았다. 사무라이막부 정권은 이러한 흐름을 막고자 더 지독한 형벌로 신자들의 목숨을 빼앗았고, 그 결과 일본의 에도막부는 인류가 걸어온 종족 살인의 한 단면으로 기억되었다. 이 잔혹한 역사 앞에서, 종교가 인간에게 어떤 의미인지 묻지 않을 수 없다.

나는 신자가 아니다. 종교적 수사가 넘치는 꽃잎이 아니라, 건조한 지난날들을 꽃대로 살아왔다. 그럼에도 인간의 영혼을 찬미하는 신의 존재를 부정하고 싶지는 않다. 파리 도미니크 봉쇄 수도회의 사제들이나 불교 스님들의 면벽정진(벽을 향해 앉아 좌선삼매에 드는 것)과 안거(여름 3개월과 겨울 3개월 동안 출가한 승려들이 외출

⊏ 푸른 바다가 내려다보이는 엔도 슈사쿠 문학관

을 금하고 수행하는 제도) 역시 고립 속에서만 가능한 또 다른 소통 방식이기 때문이다. 다양한 형태로 추구되는 영생을 존중하는 것이다.

이런 생각을 품은 채 엔도 슈사쿠 문학관으로 향했다. 엔도 슈사쿠 문학관은 천장에서 벽으로 엇갈려 내려오는 격자 목재 디자인이 유난히 눈길을 끌었다. 아담한 건물의 스테인드글라스 창문은 성당을 떠올리게 했다. 문학관을 구경하고 나와서는 '침묵의 비'를 만났다. 수많은 신도들이 처참하게 죽어간 현장에 돌덩이 비석 하나가 화초 속에 반쯤 묻혀 있었다. 위대한 소설가 엔도의 대표작을 기리기 위해 후세 사람들이 만든 허망한 징표다.

주여, 인간은 이렇게 슬픈데 바다가 너무 푸릅니다.

― 엔도 슈사쿠, 《침묵》 중에서

엔도 슈사쿠가 소설에서 끝없이 반복하는 질문이다. "주님, 당신이 언제나 침묵하시는 것을 원망합니다"라는 신부의 독백에 "나는 침묵한 것이 아니라 함께 괴로워하고 있었다"라는 응답이 환영처럼 겹쳐 들리는 순간이었다. 십자가에 묶여 밀물과 썰물 끝에 죽어간 영혼들이 그 주변을 떠다니는 듯 보였다.

엔도 슈사쿠는 말년에 '고리안(여우와 너구리가 사는 집) 선생'이라는 별칭으로 불리며 일본 국민들의 사랑을 받았다. 엔도가 선택한 이 이름에는 삶을 다 겪은 뒤 한 걸음 물러서 세상을 바라보려는 노작가의 유머와 자기 풍자가 담겨 있다. 같은 시대를 살다 간 시바 료타로와 태어나고 죽은 시기가 겹친다는 사실은 묘한 공명을 남긴다. 한 사람은 바다를 걸으며 신의 침묵을 물었고, 다른 한 사람은 역사의 문장으로 한 시대의 방향을 되물었다. 전후 일본 문학은 이렇게 서로 다른 질문으로 같은 시대를 응시했다.

그러다 문득, 일본만의 이야기가 아니라는 생각이 들었다. '믿었다'는 이유만으로 삶이 무너지는 장면 앞에서 시대는 늘 비슷한 얼굴로 침묵한다. 나는 한때 조선시대 천주교 박해 피해자 황경한의 흔적을 찾아 나설 생각을 한 적이 있다. 그의 아버지 황사영은 종교 박해를 온몸으로 받아낸 정약용가의 조카사위로, 8천 명의 신도를 잡아 죽이는 참상을 베이징 주교에게 알린 '황사영 백서사건'으로 능지처참을 당했다. 정약전과 정약종, 정약용 삼형제 또한 모진 고문을 당했다. 《목민심서》와 《자산어보》로 후세에 엄청난 유산을 남긴 그들 역시 생전에는 무자비한 천주교 박해 피해자였다.

서학을 믿었다는 이유로 아버지 황사영이 참수된 뒤, 어린 핏줄이 어머니 품에 안겨 남해안 섬으로 도망간 사연은 눈시울이 붉어질 정도로 충격적이다. 그들은 제주도로 피신하려 했지만 추자도에서 더는 움직이지 못한 채 생을 마감했다고 전해진다. 이후 황경한 묘는 한국천주교회 111번째 성지로 조성되어 많은 이들의 순례 코스가 되었다. 로드리게스와 황경한은 서로 다른 시대를 살았지만, 무너진 삶과 죽음의 경계 앞에서 같은 질문을 품었을 것이다. 아픈 시대가 만들어낸 공통의 숙명이었다.

겨울 바다에 가 보았지.

인고의 물이

수심 속에 기둥을 이루고 있었네.

– 김남조, 〈겨울바다〉 중에서*

소토메는 규슈의 남쪽 바닷가다. 일제강점기에 규슈여자고등학교를 졸업한 시인 김남조의 시어를 몇 번이나 되뇌며 오후를 보

---

* 김남조 제6시집, 〈겨울바다〉, 《겨울바다》, 상아출판사, 1967.

냈다. 엔도 슈사쿠와 인생의 언어가 상통하는 것은 어쩔 수 없는 생의 교집합 때문인지도 모른다. 바다가 있어 삶의 위안이 되는 사람들이 느끼는 보편적 정서에 전적으로 고개를 끄덕이게 된다.

잔혹한 살기의 폭풍이 지나간 뒤, 나가사키에는 제2차 세계 대전 종반 군국주의를 응징하는 원폭이 다시 투하되었다. 엔도는 전쟁이라는 야만의 시대를 통과하며 종교 박해라는 과거의 또 다른 야만을 기록하고자 했다. 소토메의 바다는 오늘도 푸르다. 그 푸름이 위로인지, 질문인지는 여전히 쉽게 단정할 수 없다.

리스본에서 만난
페소아

포르투갈 리스본

페소아 Pessoa 는 포르투갈어로 '사람'이라는 뜻이다. 이토록 인간적인 이름을 가진 작가 페르난두 페소아 Fernando Pessoa 는 리스본을 사랑했다. 리스본에서 태어나 잠시 도시를 비웠을 뿐, 짧은 생(1888~1935)을 마감할 때까지 이곳을 지켰다. 그는 그곳에서 본능적인 고독과 허무에 이끌려 날마다 카페와 골목을 헤맸다. 사는 것은 무엇이고 '나'라는 존재는 어떤 실체를 지니는지, 인생은 어디로 향하다가 어떻게 끝나는지를 멈추지 않고 탐구했다. 해답이 없는 영역이니 결론에 이르지는 못했지만, 후대에 수많은 질문을 던져준 채 세상을 떠났다.

  페소아는 시인이자 작가, 문학평론가로 살다 마흔일곱 살이라는 젊은 나이에 리스본에서 생을 마감했다. 그래서인지 그의 명성은 생전이 아니라 사후에야 천천히 완성됐고, 페소아에게 세계적인 명성을 안겨준 소설 《불안의 서》 역시 그가 떠나고 한참이 지나서야 대중에게 각인되었다. 오늘날 수많은 젊은이들의 애독서가 되기까지 적지 않은 세월이 걸린 셈이다.

우리는 아무도 사랑하지 않는다. 우리가 사랑하는 것은 어떤 사람에 대해 우리가 갖고 있는 생각이다. 이는 우리가 만든 이미지일 뿐, 결국 우리는 우리 자신을 사랑하는 것이다.

　　　　　　　　　　　　　－ 페르난두 페소아, 《불안의 서》 중에서

단 몇 줄의 묘사가 나를 리스본으로 데려갔다. 누군가 내 삶을 붙잡아 흔드는 듯한 강박과 압박은 내가 오래 끌어안아 온 일상이다. 페소아는 그 고뇌를 오래전에 이미 간파한 사람처럼 보였다. 인간은 누구나 한 번쯤 틀에서 벗어나는 일탈을 꿈꾼다. 있어야 할 무대에서 내려와 아무도 나를 알아보지 못하고 어떤 결정도 요구되지 않는 자리로 숨고 싶어진다. '나'로 존재하는 것이 피곤해 잠시라도 다른 존재로 살아보고 싶은 순간이 있다. 그럴 때 나는 여행을 떠난다. 그렇게 페소아를 따라 리스본에 도착했다.

대항해 시대 포르투갈의 전성기를 되새기듯 펼쳐진 코메르시우 광장에는 이베리아반도 서쪽의 강렬한 태양이 쏟아지고 있었다. 그 광장 한켠에서 나는 페소아의 흔적을 더듬었다. 생전에 그가 자주 들렀다는 카페 마르티뇨 다 아르카다는 아직도 문을 연 채

ⓒ 카페 마르티뇨 다 아르카다

사람들을 맞이하는 중이었다. 어느새 이곳은 리스본을 찾는 여행객들의 순례 코스가 되었다.

리스본 시내, 언덕으로 올라가는 낡은 전차는 오래전 이 도시가 흥청거렸을 때의 추억을 간직한 풍경이다. 철길과 아스팔트가 뒤섞인 길을 따라 세계에서 가장 오래된 서점으로 알려진 베르트랑에 들렀다. 300여 년의 역사를 간직한 이곳에서 페소아의 작품을 살펴보고 싶었기 때문이다. 별도 코너에 작가의 시집과 평론, 일기가 가지런히 놓여 사람들을 맞이하고 있었다.

포르투갈이 제국으로 전진하던 시대가 남긴 지적 유산 위에서, 오랫동안 지식의 보고 역할을 해온 베르트랑 서점은 아직도 활기가 넘쳤다. 세상 사람들이 리스본 서쪽 어딘가에 절벽 같은 지구의 끝이 있다고 믿었던 불안한 시절에도, 도시 곳곳에 축적된 사유와 기록 속에서 미지의 세계로 나아가게 한 지혜가 길러졌다. 인판트 동 엔히크 왕자의 꿈을 실현시킨 탐험대의 흔적 또한 리스본 항구의 벨렘탑에 남아 있었다. 바닷가 벨렘 지구에는 대항해 시대 포르투갈 제국의 기상이 아직도 생생했다.

페소아의 작품 세계는 남아프리카공화국에서 보낸 청소년 시절을 바탕으로 한다. 그는 두 살 때 아버지가 죽고 재혼한 어머니를 따라 남아프리카공화국의 항구도시 더반에서 10년을 보냈다. 페소아는 내성적인 성격 탓에 어디에도 속하기 힘들었고, 에드거 앨런 포와 윌리엄 워즈워스, 존 키츠 등 오로지 문학에만 빠져 살던 아프리카 남단의 시간은 고독했다. 하지만 그는 빛나는 눈동자를 가진 이방인이자 경계인이었다.

내가 얼마나 많은 영혼을 지녔는지 나도 모른다. 나는 매순간마다 변했다. 끊임없이 내가 낯설다. 난 나를 본 적도 찾은 적도 없다. 그토록 많은 것이 되다 보니 가진 것은 영혼뿐이다. 영혼이 있는 사람에겐 안정이 없다. 무언가 보는 사람은 바로 그가 보는 그것, 무언가 느끼는 사람은 더 이상 그가 아니다.

– 페르난두 페소아, 《불안의 서》 중에서

압생트 한 잔을 털어 넣고 늦은 밤 타자기를 두들겨 쓴 글들이 가슴을 후비며 내 안으로 들어왔다. 그의 문장을 읽은 순간, 1900년대 초의 리스본이 중첩되어 희미하게 깔렸다. 인간은 누구나 지속적으로 개성을 창조한다. 그때마다 고정된 '나'는 사라지고, 어제의 나는 오늘의 나와 어긋난다. "인간은 모두 부분적으로 부서져 있다. 그 사이사이로 빛이 들어오고 있다"라는 헤밍웨이의 말처럼 빛을 받아들이기 위해 우리는 살면서 적당히 파괴되어 간다. 나도 언제나 부분적인 파괴를 경험해왔는데, 사람들은 그것을 운명이라고 말하기도 한다.

살아서보다 죽어서 인정받고 시간이 흐를수록 더 또렷해진 작가 페소아는 무려 일흔다섯 개의 이름으로 짧은 생을 살았다고 전해진다. 학창 시절부터 필명이나 익명으로 기고하며 철저히 자신을 드러내지 않았다. 알베르투 카에이루Alberto Caeiro, 히카르두 헤이스Ricardo Reis, 알바루 드 캄푸스Álvaro de Campos라는 세 이름은 그가 가장 즐겨 쓴 또 다른 분신이었다. 그는 자신을 여러 개의 인격으로 분화시키며 수많은 명작을 남겼다.

페소아는 과거의 꿈에서 깨어나 이루어질 수 없는 꿈에 다시 빠져든 사람처럼 포르투갈의 환생을 꿈꾸기도 했다. 전성기의 세바스티앙 1세를 기억하려 노력하며, 이 도시에 대한 애착을 바탕으로 리스본 관광 안내서를 영어로 만들기도 했다. 골목을 서성이며 리스본의 불안과 고독, 결핍을 관찰한 페소아는 결국 리스본을 제임스 조이스의 더블린, 프란츠 카프카Franz Kafka의 프라하 같은 곳으로 만들었다.

페소아가 묻혀 있는 제로니무스 수도원은 리스본 중심지에 자리하고 있다. 무덤이라면 바위 절벽 뒷자리나 언덕 꼭대기, 산골짜기를 떠올리던 내 예상은 보기 좋게 빗나갔다. 자동차와 사람들이 붐비는 시가지의 수도원은 뜻밖이었다. 페소아는 15세기 대항해 시대 희망봉을 돌아 인도항로를 발견한 탐험가 바스쿠 다가마Vasco da Gama와 나란히 제로니무스 수도원에서 영생을 누리고 있다.

엉망진창인 이 세상에서 온전한 이해를 포기할 권리, 삶의 숭고함에 나를 헌납하여 삶의 노예가 되지 않기 위하여 체념을 선택할 권리, 그러니까 한없이 나약해질 권리, 끝없이 불안할 권리,

권태로울 권리와 공허할 권리, 그리하여 질 나쁜 인간의 세상과
거리를 두고 질 좋은 고독을 향유할 권리를 얻어낸 쾌락, 보통의
짐작과 아주 다른 종류의 해방을 맛보는 쾌락.

－페르난두 페소아, 《불안의 서》 중에서

그 시대에는 통하기 어려웠던 페소아의 생각에 나는 기꺼이 동
의한다. 리스본의 유혹적인 햇살이 나를 다시는 과거로 돌아가지
못하게 할 것 같았다. 코메르시우 광장을 가로지르며 이곳에서 방
황했던 페소아의 시대를 상상했다. 건조한 계절의 서울은 너무 멀
게만 느껴졌다.

에릭 사티 ^{Erik Satie}의 느린 피아노 연주곡 〈짐노페디〉가 귓전에
서 맴돌았다. 소리는 가끔 나에게 고독과 향수를 달래주는 아편이
다. 너무 늙은 시대에 너무 젊게 와서 힘들다던 피아니스트의 느린
건반 소리로 나는 잠깐씩 마음의 안정을 되찾곤 한다. 가끔은 들으
면 더 우울해지기도 했다. 프랑스의 사차원 작곡가가 만들어낸 피
아노 곡은 페소아의 세계와 정확히 연결되었다. 〈짐노페디〉 선율
사이에 걸쳐진 페소아의 자아 진단과 고독한 정신세계는 묘한 교
집합을 형성한다.

나는 페소아의 일기장을 들고 리스본을 걸었다. 살다가 우연히
알게 된 작가, 그의 도시를 찾아 사람들로 가득한 텅 빈 거리를 걸
고 또 걸었다. 결국 나의 내면에서 우연과 시간은 다른 단어를 만
들어내고 있었다. 완벽한 불안과 고독 속에서 건져진 언어는 역시

└ 페소아가 잠들어 있는 제로니무스 수도원

'희망'이었다. 페소아를 따라 지나오는 동안 경험한 잔잔한 변화
다. 적어도 인간은 살아 있는 동안 불안의 마지막 치유 방법으로
희망을 활용해야 하지 않을까. 인생사의 모든 것은 결국 내 안의
문제다. 상처받으면 비극이고 상처를 안으면 예술이다.

　어떤 사람은 커다란 꿈을 품고 살다가 그 꿈을 잃어버리고, 어
떤 사람은 꿈 없이 살다가 그 꿈을 잃어버린다. 자신을 안다는 것
은 길을 잃는다는 뜻이다. '네 자신을 알라'는 신탁의 언어는 인간

에게 참으로 어려운 과제다. 그 격언을 가슴에 안고 당도한 이곳, 가족도 아는 사람도 하나 없는 쾌적함에서 오는 기분 좋은 추방의 느낌은 집으로부터 멀리 떨어져 있다는 희미한 불편함을 덮고도 남았다.

　나에 대한 폭력은 익숙한 곳으로부터 멀어져보는 것이다. 아무런 연고도 없고, 반드시 떠나야 할 특별한 이유도 없는 곳으로 때가 되면 떠나고 싶은 것은 내면에 뭉쳐져 있는 나 자신에 대한 결핍 때문일 것이다. 나는 앞으로도 인생을 살아가며 내 영혼의 울림을 쫓아가고 싶다.

헤밍웨이라는
남자

스페인 마드리드

남자는 무엇으로 사는가. 거친 숨소리, 고통을 이겨내는 의지, 뜨거운 가슴, 열정을 따라가는 행동. 이러한 요건에 모두 부합하는 사나이로 나는 망설임 없이 미국의 소설가 어니스트 헤밍웨이를 떠올린다. 시간과 공간을 넘나드는 이야기와 원시적 풍모가 가득한 거친 인생은 언제나 나를 흥분시킨다.

어떤 이든 죽으면 내 일부를 도려낸 것처럼 아프다네. 내가 인류의 한 부분이기 때문이지. 조종弔鐘이 울리거든 누구를 위하여 종이 울리나 알려 하지 말게나. 그 종은 내 일부가 죽었음을 알리는 거라네.

– 존 던 John Donne, 《명상 17》 중에서

영국 성공회 신부 존 던이 1624년에 쓴 명상문의 일부다. 역사에 남을 만한 이 멋진 문장은 300년의 세월이 흐른 뒤 헤밍웨이의 소설《누구를 위하여 종은 울리나》로 부활했다. 폭력과 전쟁을 그냥 넘기지 못했던 헤밍웨이는 1936년부터 1939년까지 특파원 자격으로 스페인 내전을 취재했다.

스페인 내전은 파시즘, 민주주의, 공산주의, 무정부주의가 뒤섞인 이데올로기 각축장이었다. 전 세계 50여 개국에서 약 3만 명의 젊은이들이 스스로 참전해 스페인 민중을 위해 싸웠다. 이 전쟁에서 헤밍웨이는 특정 이데올로기보다 인간의 선택과 비극에 시선을 두었고, 어디에 살든 개인은 인류 전체의 한 구성원이라는 존 던의 사상을《누구를 위하여 종을 울리나》의 주제로 관통시켰다.

스페인 내전 당시 공화군으로 참전한 남자 주인공 로버트 조던은 여자 주인공 마리아와 사랑에 빠진다. 조던은 적의 총탄에 맞아 죽어가면서도, 차마 자신을 두고 발걸음을 떼지 못하는 마리아에게 외친다. "당신 속에는 내가 들어 있어. 이제 당신은 우리 둘을 위해 가는 거야." 이 애절한 문장은 헤밍웨이의 작품들에서 느껴지는, 사랑하는 이를 상실한 뒤에도 서로가 서로 안에 남아 있다는 애도의 감각을 떠올리게 한다. 이 소설은《명상 17》의 사유에서 비롯되었지만, 특정 장면에서는 존 던이 아내의 죽음을 애도하며 남긴 시편들의 정서까지 자연스럽게 겹쳐진다.

이처럼 스페인 내전 동안의 고뇌를 바탕으로 탄생한《누구를 위하여 종은 울리나》는 출간 즉시 50만 부가 팔렸다. 그리고 이

누에보 다리

소설의 중요한 영감이 된 장소가 바로 중세 도시 론다다. 론다는 스페인 남부 말라가에서 북서쪽으로 한 시간 남짓 떨어진 해발 723미터의 고원 도시다. 협곡과 절벽이 만들어내는 경치는 숨이 막힐 정도로 장엄했고, 바위산 위에 세워진 도시와 절벽을 잇는 아슬아슬한 누에보 다리는 현실과 비현실의 경계처럼 보였다. 투우의 발상지인 론다에서 헤밍웨이는 《오후의 죽음》이라는 논픽션을 집필하기도 했다.

헤밍웨이는 론다에서 목격한 내전의 참상을 바탕으로 마드리드에서도 소설 구상을 이어갔다. 그는 '인간의 본질은 무엇인가', '왜 인류는 크고 작은 전쟁을 피할 수 없는가'라는 질문을 끝까지 밀어붙이며, 그 속에서 피어나는 사랑과 이별을 특유의 하드보일드 문체로 그려냈다. 더불어 집필하다가 답답해질 때면 마드리드 시내의 펍 세르베세리아 알레마나에 들러 한잔하거나 레스토랑 소브리노 데 보틴에서 저녁 식사와 와인을 즐겼다.

1725년 개업하여 세계에서 가장 오래된 식당으로 알려진 소브리노 데 보틴은 지금도 그 자리에 있었다. 20년 만에 다시 찾은 보틴의 분위기는 변치 않은 옛 친구 같았고, 100년은 훌쩍 넘어 보이는 서까래와 바닥 타일에는 세월의 흔적이 역력했다. 이곳에 들리면 꼭 맛보아야 할 대표 메뉴인 코치니요 아사도(장작 화덕에 구운 새끼 돼지 요리)를 먹으며, 헤밍웨이가 자주 앉았다는 창가 쪽에 걸린 그의 사진을 오래 바라보았다.

문학과 휴머니즘을 사랑하는 이들이 해마다 수없이 보틴을 찾아서일까. 그가 사랑한 와인 마고는 이미 다 팔려나가고 없었다. 프랑스 샤토 와인 중에서도 손꼽히는 마고는 헤밍웨이의 술이라 불렸다. 미국으로 돌아가 플로리다 키웨스트로 이사하고 말년에 쿠바에서 지낼 때까지 그가 사랑했던 와인의 이름은 훗날 손녀 마고 헤밍웨이의 이름으로 이어졌다.

수년 전 나는 탄자니아를 방문하여 킬리만자로 중간 롯지에서 이틀을 보낸 적이 있다. 하늘과 초원을 벗 삼아 암보셀리 국립공원 사파리 구역을 네 시간 동안 횡단했다. 그리고 코끼리 울음소리가 들리는 숙소에서 헤밍웨이의 소설 《킬리만자로의 눈》을 몇 번이나 읽었다. 그의 작품 중에서 가장 으뜸으로 꼽히는 명작이다. 나를 안내한 마사이 부족 청년에게서 원주민들과 복싱을 하곤 했다는 헤밍웨이의 지나간 소식도 엿들을 수 있었다.

헤밍웨이는 인생을 너무 많이 사랑했고 너무 많은 걸 요구했고 결국 모든 것이 닳아 없어지도록 만들어버렸다. 그렇게 살다 갔지만 생을 과하게 소모했다거나 남용했다고 보는 사람은 없다. 시대의 흐름과 자신의 사고에 충실하게 인생을 즐겼다고 보는 편이 적절한 평가다. 북아메리카, 유럽, 아프리카, 남아메리카 등 4대륙에 걸쳐 많은 흔적을 남기고 간 작가 헤밍웨이. 시카고에서 태어나 젊은 시절 파리를 거쳐 마드리드, 론다, 밀라노, 쿠바에 이르기까지 극적인 여정을 살았다. 가히 20세기 대표 코스모폴리탄으로 기억될만한 행로다.

□ 집필하는 어니스트 헤밍웨이의 모습

　결혼하고 가정을 꾸린 첫 번째 도시 파리, 제1차 세계 대전에 참전했다가 부상으로 병원 신세를 졌던 이탈리아 밀라노와 베네치아, 진심으로 사랑했던 스페인 팜플로나와 마드리드, 명예 쿠바인으로 불리기를 원했던 말년의 아바나 해변까지, 파란만장한 헤밍웨이 루트는 꺼지지 않는 불꽃의 길이다.

　그중 이탈리아 밀라노에서의 전쟁과 부상의 기억은《무기여 잘있거라》의 중요한 바탕이 되었다. 지칠 줄 모르는 행동주의 작가였던 그는 부상당한 몸이 우선해지자 스페인으로 달려갔다. 스페인의 팜플로나 투우 축제는 그의 소설에 등장하는 단골 무대이자《태양은 다시 떠오른다》의 배경이 된 곳이기도 하다.

쿠바 아바나의 작은 어촌 코히마르는 마지막 역작 《노인과 바다》를 낳은 곳이다. 청새치를 잡아 생을 이어가는 노인 산티아고를 불멸의 주인공으로 그려냈다. 헤밍웨이의 말처럼 인생은 물가를 벗어나 먼 바다로 나가는 것이다. 우리도 언젠가 한 번은 먼 바다로 나가야 할 때가 있다. 소설 속에서 84일 동안 바다를 헤매고도 허탕 친 늙은 어부 산티아고는 마침내 목숨을 건 사투 끝에 덩치 큰 청새치 한 마리를 잡아 뱃전에 묶는다. 하지만 인생의 훈장 같은 청새치는 상어들에게 다 뜯겨 뼈만 남은 채 항구에 도착하고, 이때 산티아고의 독백은 눈시울을 뜨겁게 만든다.

인간은 패배하도록 만들어지지 않았어. 인간은 파괴될지언정 패배하지 않아.

– 어니스트 헤밍웨이, 《노인과 바다》 중에서

어떻게 한 인간이 이렇게 많은 경험을 하고 많은 땅을 주유하며 초인적인 삶을 살 수 있었을까. 그는 62년의 일생동안 30여 권의 책을 펴냈다. 소설과 에세이, 논픽션을 썼고 《제5열》 같은 희곡도 창작했다. 그중 소설 10여 편이 할리우드에서 영화로 제작되었다. 《누구를 위하여 종을 울리나》를 비롯한 여러 작품은 영원한 베스트셀러로 자리 잡았고, 《노인과 바다》는 그에게 퓰리처상과 노벨문학상을 안겨주었다. 하드보일드 스타일의 문체와 빙산 이론(작품에서 대부분의 의미는 수면 아래에 숨겨져 있어야 한다는 서사 원리) 같은 소설 미학은 그가 남긴 최고의 유산이다.

광적인 읽기 몰입과 광적인 쓰기 몰입. 헤밍웨이는 읽으면 쓰게 되고 쓰면 더 읽게 되고 더 읽으면 또 쓰게 되는 아름다운 쳇바퀴에 갇혀 일생을 보냈다. 제1차 세계 대전을 직접 겪었고, 이후 종군기자로 제2차 세계 대전, 그리스·튀르키예 전쟁, 스페인 내전, 중일전쟁을 취재했다. 중국 체류 당시에는 공산당과 국민당 진영을 넘나들며 전쟁의 실상을 기록하기도 했는데, 이러한 전쟁 경험은 작품마다 소중한 재료가 되었다.

또한 헤밍웨이는 바다낚시와 투우, 사냥, 복싱 같은 거친 스포츠를 선호했고 음주 운전도 끊지 못했다. 평생 32회의 사고를 당했고 40대부터는 매일 위스키를 1리터씩 마셨다. 네 명의 여인과 결혼, 이혼을 반복했고 잠깐씩 스쳐간 이성 친구도 적지 않았다. 한 인간이 그 많은 글을 쓰고, 그 많은 사랑을 하고, 그 많은 책을 읽으며, 그 많은 나라와 전쟁터를 떠돌 수 있었다는 사실이 나로서는 쉽게 믿기지 않는다.

진정한 작가는 언제나 자신이 이루지 못한 혹은 다른 이들이 시도했으나 실패한 무언가에 도전해야 한다. 그러다 보면 때때로 큰 행운이 따르는 대성공을 거두게 될 것이다.

– 어니스트 헤밍웨이

평생 죽음을 쫓아다닌 드라마틱한 인생. 가만히 있어도 다가오는 죽음을 헤밍웨이는 온몸으로 거슬러 올라가며 근원을 추적했다. 그의 모든 작품에 죽음의 냄새가 물씬 풍기는 이유이지 않을까. 결국 1961년 헤밍웨이는 아이다호 케첨의 자택에서 엽총 자살로 마지막을 선택했다. 더불어 그의 일가 또한 아버지는 총으로, 여동생은 약물 과다 복용으로 자살했다. 남동생 레스터 역시 권총으로, 아꼈던 손녀딸 마고 헤밍웨이까지 1996년 약물 복용 자살로 생을 마감했다.

사람을 강하게 만드는 것은 사람이 하는 일이 아니라 무엇을 하고자 노력하는 것이다.

– 어니스트 헤밍웨이

인간의 관심사를 건강과 일, 친구와 술, 침대에서 즐기기 등으로 정의한 헤밍웨이의 자살은 후대에 많은 깨달음을 주었다. 그는 스스로에게 부끄럼 많은 은둔자였던 셈이다. 총과 낚싯대, 펜으로 온 세상을 황소처럼 유랑한 거인. 소설보다 더 극적인 삶을 살다 간 인간 헤밍웨이는 죽지 않고 사람들의 마음속에서 언제까지나 영생을 누리고 있다.

히말라야의
카프카

네팔 쿰부

침묵의 발걸음은 땅거미가 내려올 무렵에야 나를 히말라야로 안내했다. 부어오른 발목과 숨넘어갈 듯 지독한 피로에 타는 갈증까지 더해져 내 안에서 앙상블을 이루고 있었다. 새벽부터 쉬지 않고 계곡을 오르다 보니 한계를 알 수 없었던 지난날들이 떠올랐다.

역시 시작과 끝이 잡히지 않았다. 루클라에 위치한 텐징-힐러리 공항의 짧은 오르막 활주로에 곡예사처럼 내려앉은 경비행기. 그곳에서 배낭을 메고 일어섰을 때부터 이미 침묵은 시작되었다.

어떤 경우에는 운명이라고 하는 것이 끊임없이 진로를 바꿔가는 국지적인 모래폭풍과 비슷하다. 나는 그 폭풍을 피하려고 도망치듯 방향을 바꾼다. 그러면 폭풍도 내 도주로에 맞추듯 방향을 바꾼다. 나는 다시 또 모래폭풍을 피하려고 도주로의 방향을 바꿔버린다. 그러면 폭풍도 다시 나를 향해 방향을 바꾼다. 몇 번이고 몇 번이고 마치 날이 새기 전에 죽음의 신과 얼싸안고 불길한 춤을 추듯 그런 일이 되풀이되는 것이 인생이다.

- 무라카미 하루키, 《해변의 카프카》 중에서

무라카미 하루키의 소설 《해변의 카프카》의 한 대목이 폐부를 찌르며 다가왔다. 어쩌면 나 또한 이 소설의 주인공, 열다섯 살 소년 다무라 카프카일지도 모른다는 생각이 들었다. 저 멀리 만년설이 두텁게 쌓인 히말라야 설산에는 하얗고 고운 눈바람이 운명처럼 세차게 날리고 있었다. 그 순간, 하늘에서 정어리가 수직으로 쏟아지는 장면을 읽으며 눈가가 촉촉이 젖었던 예전의 어느 때가 떠올랐다. 그렇게 네팔로 떠나오는 동안 카프카는 줄곧 나를 붙잡고 놓아주지 않았다.

폭풍은 나와 아무런 관계 없는 어떤 것이 아니다. 그 폭풍은 내 안에 있는 무엇이다. 결국 내가 할 수 있는 일이라고는 모든 걸 체념하고 그 폭풍 속으로 곧장 걸어 들어가, 모래가 들어가지 않게 눈과 귀를 꽉 틀어막고 한 걸음 한 걸음 빠져나가는 일뿐이다.

- 무라카미 하루키, 《해변의 카프카》 중에서

네팔 카트만두에서 동쪽 에베레스트 등정 코스로 길을 떠났다.

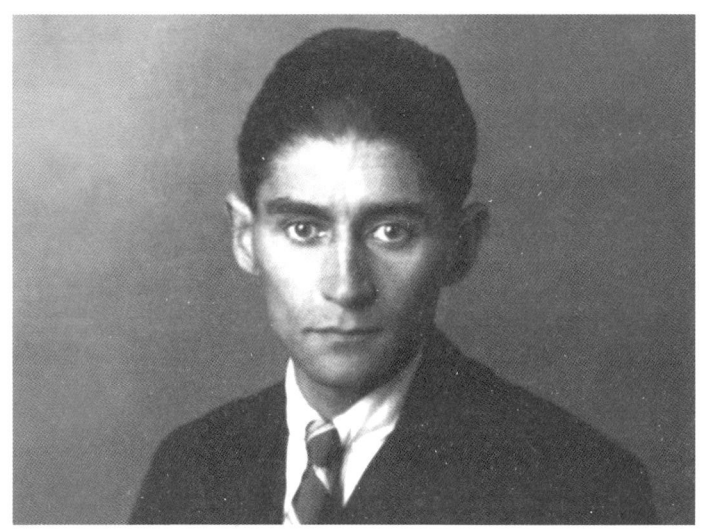

해발 2,600미터 팍딩 고갯길에 서자 까마귀가 날아올랐고, 창공을 수놓는 몇 마리의 군무는 마치 생명이 말라버린 땅에 그려지는 수채화처럼 보였다.

카프카는 체코어로 '까마귀'다. 들짐승 이름을 가진 체코의 대문호 프란츠 카프카는 청년 시절 나의 정신세계를 흔들어 놓았다. 카프카의 소설 《변신》이나 《성》, 《유형지에서》 등을 통해 받은 영감은 내 평생을 지배하는 날카로운 언어가 되었다. 등정하며 카프카를 떠올렸기 때문일까, 모래폭풍 같은 서울을 피해 도망쳤는데 내 도주로를 다시 히말라야의 카프카(까마귀)들이 막아섰다. 고산에서 날아오른 까마귀는 질긴 생명의 표본처럼 뚜렷하게 줄을

○ 히말라야 산길

그으며 내 시야의 왼쪽으로 사라지고 있었다.

루클라에서 여덟 시간 동안 느린 걸음으로 걷고 또 걸어 올랐다. 지나온 길을 돌아보니 쿰부 히말라야 지역은 언젠가 캘리포니아 산타모니카에서 봤던 광대한 바다 같았다. 수백 미터 계곡 아래로 두드코시강이 흘렀고, 모든 산들은 낮은 화폭에 수평으로 담겨 있었다. 육상의 거친 땅은 장단과 고저가 모두 없어진 채로 비가 내려 표면이 흐려진 바다 같았다.

하루 종일 걷는다는 것은 지루해서 미칠 정도로 지속적인 인내의 수행이었다. 좁은 산길에 널려 있는 발밑의 돌과 소똥을 구별하는 일이 시간 보내기의 전부였다. 그제야 깨달았다. 등반은 일종의 참선 같은 작업이구나. 나를 도와주기 위해 무거운 짐을 지고 앞서가는 셰르파의 발걸음이 애처로웠다. 야크와 말, 좁교(고산 적응이 뛰어난 히말라야의 짐꾼 동물), 사람들이 엇갈리며 오가는 차마고도茶馬古道 같은 산길은 천년의 비밀을 감추고 있었다.

그렇게 모두 다 카르마를 안고 올랐다. 세상에 업을 쌓는 것이 사는 것이고 그러다가 죽는 것이 인생이라지만, 이곳은 끈질긴 고독의 시험장이었다. 이 끝없는 오르막과 내리막을 시시포스 신화처럼 반복으로 버텨내려니 숨이 턱밑까지 차올라 견딜 수가 없었다. 차분히 물 한 모금을 마시고 온몸의 숨구멍을 열어 심산을 노출시켰다. 그리고 지금부터 100년이 흐른 뒤를 생각해보았다. 그때쯤이면 나의 일행들, 셰르파들, 고산 주민들까지 여기 있는 모든 사람들은 예외 없이 지상에서 사라져 먼지나 재가 되어 버릴 것이다. 그렇게 생각하니 이 모든 것들이 허무한 환영처럼 보이기 시작했다. 바람에 날려 당장이라도 흩어져버릴 것 같았다. 시간이 지나면 모든 것이 무로 사라질 텐데 왜 이렇게 필사적으로 올라가고 또 살아가야 되는 것일까.

까마득한 절벽 틈 사이로 석청이 매달려 있는 몬조를 지나, 히말라야 등반 코스의 체크포인트인 조살레 마을 근처의 계곡을 오르며 줄곧 생각에 잠겼다. '나는 자유인인가?' 현실의 사슬에서 벗어났다는 자유를 의도적으로 떠올리며 스스로의 내면을 들여다보려 했다. 그러나 자유가 어떤 의미인지, 나 자신에게 얼른 와닿지 않았다.

당장 알 수 있는 것은 단지 내가 혼자 있다는 사실이었다. 홀로 고립되어 아무도 모르는 낯선 곳에 와 있었다. 지도의 거친 표시 어느 점 부근에 고독한 탐험가처럼 말이다. 자유인이란 이런 상태를 말하는 것일까. 반복된 발걸음에 지쳐 이제 그 같은 사실조차도 깨달을 수 없었다.

황량함 속에는 늘 생명이 잉태되어 있다. 모든 것은 화성의 표면처럼 아무런 생명체가 없는 원시에서 출발했을 테다. 히말라야는 찾는 이들에게 그런 반전을 안겨준다. 내 시선으로 그 공간을 온전히 담는 순간 수많은 봉우리들은 팔딱거리는 생명으로 재탄생해 저장되었다.

에베레스트 중산간의 롯지 남체 오른편으로 손에 잡힐 듯한 해발 6,812미터 아마다블람의 자태가 육중했다. 또 다른 꼭짓점인 마차푸차레와 스위스 마테호른과 더불어 세계 3대 미봉으로 알려져 있다. 아마다블람은 이곳을 떠날 때까지 줄곧 나를 따라 다녔다. 낮에는 조각품 같은 우아함으로 트래킹을 안내하고 밤에는 희미한 흔적으로 저쪽에서 묵묵히 지켜보고 있었다.

롯지에서 잠 못 이루던 이튿날 새벽, 창가에 비친 아마다블람 한쪽에 초승달이 걸려 있었다. 달이 다시 생명을 채워가는 때였다. 왼쪽으로 서있는 해발 6,783미터의 말안장을 닮은 봉우리 캉데카 직벽은 또다시 어둠 속으로 사라졌다.

강력한 힘과 광대한 지혜를 갖춘
이 산맥은 우리의 존경심을 자아낸다.
그 성큼 걸음으로 우리는 산을 오르고,
그 꼭대기에서 우리는 자유를 느낀다.

히말라야의 아름다움은
우리의 눈과 마음을 사로잡는다.
그 모습은 우리의 상상력을 초월하며,
우리를 놀라게 하고, 감동시킨다.

히말라야는 끝없는 이야기이며,
그 위대함은 영원히 계속된다.

이 산맥은 우리의 마음속에 살아 숨 쉰다,

그 아름다움은 우리의 기억 속에 영원히 남는다.

– 아미트라 카울,《히말라야》중에서

산은 고독하다. 본질적으로 나와 대화하는 시간이 많아질 수밖에 없었고, 그동안 제쳐뒀던 명제들이 하나씩 솟아올라 고개를 내밀었다. 사람들은 누구나 많은 상처를 안고 인생을 살아간다. 나도 예외는 아니었다. 나는 이번 여행에서 내심 히말라야 여신이 지배하는 이 영산에서 마음의 치유를 얻고 싶었다. 진정한 치료는 상처를 낫게 하는 것이 아니라 내 안에 새로운 것들을 끄집어내는 것이 아닐까 생각하며 눈을 뜬 새벽, 나는 이곳을 다녀간 수많은 이들의 체취가 묻은 낡은 침대 위에 생선구이처럼 구겨져 냄새나는 이불 속에 누워 있었다.

"우리의 삶이란 꾸벅꾸벅 졸다가 깜빡 깨어나고 다시 꾸벅꾸벅 조는 것이다." 프랑스의 의사이자 정신분석학자 자크 라캉의 진단서다. 인간은 현실이 견딜 수 없어 꿈을 꾼다. '저것만 얻으면 더 이상 소망이 없겠지'라고 생각하지만, 그것을 얻으면 순간 꿈에서 깨어난다. 그리고 손에 쥔 것이 스스로 미끄러져 사라지는 것을 발견한다. 그런 그들이 다시 꿈을 꾸기 시작하는 건 텅 빈 손을 참을 수 없기 때문이지 않을까. 나도 라캉의 진단처럼 그날 아침 히말라야의 남은 길을 재촉하는 꿈을 꾸기 시작했다. 매순간 다짐해온 미래는 대개 시간에 날아가버린 과거가 되었지만, 새벽부터 떠난 길

⊂ **바람에 펄럭이는 오색의 룽다**

에서 다가올 일상의 미래가 꿈틀거렸다. 히말라야에만 서식한다
는 상상의 새 '한고조寒高鳥'를 상상하며 메마른 설산으로 발길음을
재촉했다. 한고조는 둥지 없이 살다가 밤만 되면 '내일은 둥지를
지으리' 하고, 아침이 되면 햇빛이 빛나는 히말라야 설원에서 놀기
바쁘며, 저녁이면 다시 후회하며 내일의 둥지 짓기를 다짐한다. 시
간의 쳇바퀴에 갇혀 끝없이 돌고 도는 한고조의 윤회처럼 길을 나
섰다.

며칠째 걸어 올라가다가 오색 룽다(티베트 불교의 경전이 적혀 있는 깃발)가 펄럭이는 산모퉁이에 이르렀다. 모퉁이를 돌면 무엇이 있을지 모르지만 나는 늘 가장 좋은 것이 거기에 있다고 믿어왔다. 그곳을 향해 서두르지 않고, 그러나 쉬지도 않으며 걸음을 옮겼다. 무산소로 갈 수 있는 해발 5,000미터 근처가 나의 종착지였다. 일주일 동안 매일 여덟 시간씩 무념으로 걸어 올라온 시간과 드디어 작별이었다.

히말라야로 떠나올 때 다짐했던 마음처럼 뭔가를 정복했다는 느낌은 전혀 들지 않았다. 이 야생의 땅에 머물러야만 나의 본모습을 볼 수 있다고 믿었기에 떠나온 길이었다. 세상에서 가장 근사하고 경이로운 산의 가장자리에 있는 작은 한 사람일 뿐, 히말라야 높은 봉우리들은 나에게 아무런 관심도 없었다. 하산과 함께 모든 것은 돌고 돌아 처음의 출발점으로 운명처럼 되돌려지고 있었다. 그것이 삶이고 인생임을 가르쳐주는 몸짓처럼 히말라야는 태양의 그림자로 나에게 다가왔다.

2부

건축으로 걷다

이 성당은 천천히 자라나지만,
오랫동안 살아남을 운명을 지닌 모든 것은 그래왔다.

_ 안토니 가우디

알람브라 궁전,
사라진 제국의 시간

스페인 그라나다

◠ 신비로운 알람브라 궁전

그라나다 사비카 언덕 위에 우뚝 솟은 알람브라 궁전은 마치 신화의 한 장면처럼 비현실적으로 느껴졌다. 이곳은 이베리아반도의 보물을 넘어 인류사에 한 획을 그은 찬란한 유산이다. 오후의 햇빛을 머금은 알람브라의 돌기둥들은 가까이 다가갈수록 눈이 부셨고, 인간이 빚었으되 인간의 솜씨라 믿기 어려울 만큼 아름답고 세련된 건축미를 드러냈다. 그 빛을 따라 천천히 발걸음을 옮기며 궁전 안쪽으로 더 깊이 들어갔다.

알람브라 궁전은 알카사바 성채와 나스르 궁전, 헤네랄리페 여름 궁전, 카를 5세 궁전 등 네 구역으로 나뉜다. 하나의 성 안에 서로 다른 분위기가 겹겹이 쌓이고, 각기 다른 건축양식이 절묘하게 어우러져 균형미와 웅장함을 함께 보여준다.

안으로 더 들어서자 그 웅장함 못지않은 디테일이 내 시선을 다른 곳으로 돌리기 어렵게 만들었다. 벽은 아라베스크 양식으로 정밀하게 치장되어 있었고, 삼나무로 마감한 둥근 천정은 그 높이만으로도 공간에 신성함을 더했다. 화려한 도금 위에 아라비아 세필로 그려넣은 무늬들은 한 차원 다른 예술의 경지였다. 모든 창은 두꺼운 벽을 삼중으로 깎아낸 뒤 아랍 전통 아치식으로 마감되어 있었는데, 그 틈새로 그라나다 일대의 평원이 한눈에 들어왔다. 장미와 배롱나무, 오렌지 관목과 시트론이 울타리를 이룬 격조 넘치는 마당과, 태양의 이동에 따라 길이를 달리하던 대리석 기둥의 그림자는 천상의 파라다이스를 꿈꾼 흔적처럼 보였다.

그러나 완벽해 보이는 이 건축이 처음부터 찬사를 받은 것은 아니었다. 알람브라 궁전이 전 세계적으로 널리 알려지기 시작한 것은 워싱턴 어빙^{Washington Irving}의 《알람브라 이야기》가 출간되면서부터였다. 1826년, 어빙은 스페인 주재 미국 공사 알렉산더 힐 에버렛의 초청으로 마드리드의 미국 외교 공관과 인연을 맺고 스페인에 머물게 되었다. 그는 이 시기를 기점으로 현재의 스페인과 포르투갈에 해당하는 이베리아반도 전역을 여행했다. 약 3년간의 체류 기간 동안 스페인 문화에 깊이 매료된 어빙은 순례와 글쓰기에 많은 시간을 보냈고, 그라나다의 알람브라 궁전은 당시 그의 눈을 사로잡은 매혹의 대상이었다.

어빙은 중세 왕궁이 남아 있다는 소문을 따라 마드리드에서 멀리 떨어진 안달루시아 남부 그라나다를 찾아 나섰다. 그는 시종과 함께 안장주머니에 먹을거리를 두둑하게 챙겼는데, 구운 새끼 염소 다리와 자고새 한 마리, 종이로 싼 절인 대구, 햄과 롤빵, 무화과와 건포도가 담겨 있었다. 그리고 큰 가죽 물병에는 물과 스페인산 와인 발데페냐스를 채웠다. 나흘 동안의 최초 탐사 여정은 이렇게 시작되었다.

그가 도착해 마주한 알람브라는 이미 폐허가 된 상태였다. 궁전은 군데군데 잡초가 무성했고, 허물어진 성벽은 방치되어 있었으며, 먹을 곳조차 마땅치 않은 일대는 황무지를 연상하게 했다. 지쳐 쓰러질 것 같은 첫날 저녁, 어빙은 알람브라 궁전의 중정에서 동네 사람 몇 명과 와인을 나눠 마시며 이곳의 지나간 이야기들을 들었다. 그는 그 밤의 기억을 잊지 않고 기록으로 남겼다.

그 기록에 따르면 알람브라 궁전은 무어인들의 800여 년 통치를 상징하는 현장이었다. 지브롤터해협을 따라 올라온 이슬람 세력은 이베리아반도의 주인으로 수세기 동안 군림했다. 그러나 그들이 남긴 역사적 유물은 1492년 레콩키스타(가톨릭 왕국들이 이베리아반도에서 이슬람 세력을 축출하기 위해 벌인 재정복 운동)가 완결될 때까지, 그리고 그 이후에도 오랫동안 무관심 속에 묻혀 있었다. 그러다 1561년, 스페인 국왕 펠리페 2세가 마드리드를 상설 수도로 정하며 새 시대를 열었고, 이후 스페인은 그라나다에 남아 있던 마지막 무어인들까지 축출하고서야 진정한 통일을 이뤄냈다. 알람브라는 그 과정에서 무어인들의 최후 거점이었다.

궁전의 역사가 더 궁금해진 어빙은 외교관 업무를 소홀히 한 채 그라나다의 도서관을 드나들었고, 그는 먼지 쌓인 고서들을 뒤진 끝에 알람브라의 창건자가 무함마드 1세라는 사실을 밝혀냈다. 나스르 왕조의 창건자이기도 한 무함마드 1세는 그라나다를 수도로 삼고 알람브라 요새를 재건했다. "알라 외에 정복자는 없다"라는 문양을 새기며 건축을 독려했던 그는 문민통치를 지향한 성군으로 연대기에 기록되어 있다. 그가 닦아놓은 기반은 후계자들에게 이어졌고, 나스르 왕국은 그라나다를 중심으로 융성하기 시작했다. 알람브라는 그 번영 속에서 계속해서 건축되어 유수프 1세 시대에 이르러 비로소 마무리되었다.

이 궁전이 가능했던 배경에는 무어인들이 꽃피운 독특한 문명이 있었다. 무어제국은 피레네산맥을 경계로 유럽과 떨어져 고립된 이베리아반도에서 태어난 거대한 문화유산이다. 북아프리카와 아라비아, 아시아 사람들이 뒤섞여 이룬 문화는 정복의 욕망을 넘어 예술과 철학으로 변주되었다. 그들의 목적은 침략자라는 무슬림의 정복 원칙을 내려놓고 안달루시아 남부에 안주해 지배권을 확립하는 것이었고, 그 과정이 미학적인 절제 속에 정교한 아라비아 문화가 꽃피운 배경이 되었다. 공정한 법과 질서의 체계, 예술과 과학의 연마 속에서 코르도바, 세비야, 그라나다는 기독교 세계의 장인과 학자들이 지식을 배울 수 있는 중요한 통로로 자리 잡았다.

동시에 알람브라 궁전은 군사적 요새이기도 했다. 전성기에는 수천 명의 군사들이 알람브라와 그라나다에 주둔했다. 그러나 레콩키스타 이후 무어제국의 영화는 서서히 잊혀갔다. 펠리페 5세 등 스페인 왕들이 머문 시기도 있었지만, 이 지역의 잦은 지진 탓에 무어 시절의 영화를 회복할 수 없었기 때문이다. 그러나 19세기 초부터 시작된 복원과 연구, 그리고 워싱턴 어빙의 《알람브라 이야기》로 다시 세상에 알려지며 알람브라 궁전은 현재의 위상을 되찾게 되었다.

《알람브라 이야기》의 저자인 어빙은 이 매혹적인 건축물에 사로잡혀 약 석 달 동안이나 알람브라에 머물렀다. 유령이 나왔다는 소문이 돌아 버려진 방을 개조해 지냈고, 안달루시아 여인들은 이 낯선 이방인을 친절히 보살폈다. 머리에 얇은 천을 두르고 치맛단 끝에 작은 구슬을 단 그들의 모습은 여전히 어빙의 글 속에서 남아

⊏ 사자의 정원 가운데 위치한 분수

있다. 이베리아 왕국의 옛 영화가 깃든 그 숙소 또한 지금도 보존되어 있다.

1829년, 알람브라로 이사한 어빙은 알람브라를 주제로 글을 쓰기 시작할 때까지 떠나지 않겠다고 결심했다. 하지만 본격적인 집필에 몰두하기도 전에 런던 주재 미국 공사관으로 자리를 옮기라는 통보를 받았고 그해 7월, 스페인을 떠나 영국으로 향했다. 3년 뒤 미국으로 돌아간 그는 알람브라에 얽힌 무어인의 전설과 역사적 인물들을 중심으로 주변의 신화와 지형, 역사는 물론 건축의 디테일까지 문학적으로 엮은 《알람브라 이야기》를 출간했다. 스페인 정부도 실행하지 못한 문화적 스토리텔링이 한 외교관의 호기심으로 이루어진 셈이다.

부서진 시간을 거슬러 남은 공간에는 약 200년의 기억이 고요히 머물러 있다. 인간은 세월 앞에 녹이 슬고 부서지는데 알람브라의 기둥들은 시간을 넘어 찬란한 빛을 발산한다. 이토록 찬란한 궁전 안에 자리한 사자의 정원에서, 14세기 무어 왕은 각국의 사절단을 영접했다고 전해진다. 또한 무어인들은 근처 다로강의 물줄기를 수로로 연결해 궁전 안으로 끌어들였다. 정교한 기술 덕분에 욕실과 연못에는 언제나 맑은 물이 흘렀고, 낮에는 시원한 분수가 하늘을 수놓았다. 시에라네바다산맥과 황야를 타고 올라온 공기는 강렬한 태양과 만나 알람브라를 연중 뜨겁게 달구었기에, 요새 구역인 알 카사바에 조성된 목욕탕은 무어인들의 땀을 식혀주는 쉼의 공간이 되었다. 목욕탕의 세공 장식과 모자이크 디자인은 소

◯ 헤네랄리페 여름 궁전

문대로 동방의 분위기가 깊게 담겨 있었다.

흰색의 높은 탑들과 긴 아치형 통로로 연결된 위풍당당한 관목 정원에서 나는 그 왕조의 전성기를 상상하고 싶어 한참을 서 있었다. 헤네랄리페는 공중 정원 사이로 산을 마주보도록 지어져 무어 왕들이 바람을 더 잘 느끼면서 시원하게 한 계절을 지날 수 있게 설계되었다. 지붕에 내려꽂히는 태양의 열기는 코마레스탑 아래로 지나가는 나의 정수리까지 화끈거리게 했다.

궁전을 한 바퀴 돌아 성채 출구로 나오는 동안 해가 기울었다.

하얀 대리석 분수를 중심으로 사방에 배치된 무어식 아치 통로는 저녁 빛에도 고상한 기품을 잃지 않았다. 성채 건너편 골목 카페에서 허기를 달래고 서성거리는 잠깐 동안 세상은 벌써 어두워져 월광이 지배하고 있었다. 달빛 속에 오가는 세월의 균열과 틈, 명멸했던 사람들의 자취가 고요 속으로 차츰 엷어져가는 중이었다. 태초의 하얀 빛깔을 되찾아가는 궁전 대리석 기둥들 사이로 희미한 광채가 왕조의 기나긴 풍화를 덮고 있었다.

달빛에 물든 그라나다 언덕은 신비로웠다. 양옆으로 펼쳐진 대지가 남쪽의 시에라네바다산맥과 조화를 이루며 흐릿한 수묵화처럼 다가왔다. 마주보는 알람브라 궁전은 적막했다. 못다한 무어 왕조의 옛 이야기들이 귓가를 지나 어둠속으로 흩어지는 듯했다. 장미꽃이 뒤덮인 그라나다의 여름밤은 수많은 밤꾀꼬리들의 노래에 실려 깊어만 갔다. 내일은 이곳에서 작은 축제 토레 데 라 벨라가 열리는 날이다. 소녀들의 영원한 젊음을 기원하며 종을 울리는 축제란다. 인간은 그때나 지금이나 불멸을 지향하며 사는 걸까.

800년의 영광은 짤막한 환상처럼 끝났다. 군주와 사제, 전사들은 물론 승리에 도취되었던 무슬림들의 모습도 역사 속으로 사라졌다. 지는 해는 웅장한 알람브라 성채를 사선으로 쓸쓸하게 비추며 지나갔다. 멸망한 왕조의 화려했던 지난날을 기억하려는 낮 시간의 기세는 석양에 밀려 이내 사라지고 말았다.

천상의 조각품,
타지마할

인도 아그라

타지마할은 천상의 세계가 인간에게 선물해준 작품 같은 건축물이다. 사람이 만들었다고 믿기 어려워 속세의 영역을 벗어난 전설처럼 다가온다. 어느 봄날 오후, 그 위대하고 정교한 건축을 처음 마주했을 때의 감각은 아스라한 충격으로 오래 남았다. 우윳빛 예술 명품이 나의 시야를 혼미하게 흔들어댔다.

인도의 수도 뉴델리에서 쉬지 않고 장시간을 달려온 피로는 더 이상 문제가 되지 않았다. 도로를 가로막던 소 떼와 먼지에 뒤덮인 시골 동네를 관통했던 고생쯤은 타지마할 앞에서 입에 올릴 수조차 없었다. 웅장한 돔을 정면에서 응시하는 순간, 좌우대칭으로 치밀하게 짜인 배치와 그 무엇과도 비교할 수 없는 신비로운 분위기가 한꺼번에 시선을 압도했다. 무서울 정도로 거대한 경외감이 나

완벽한 대칭의 타지마할

를 감쌌다. 세계가 인정하는 이 화려한 무덤은 400여 년의 세월을 견디며 마치 시간을 거스르듯 그 자리에 서 있었다. 당대의 보물이자 자금과 미술, 공예가 집대성된 결과였다.

인도는 거대한 땅이다. 그만큼 역사 속에서 수많은 종족과 부족이 명멸했다. 몽골제국의 후손 티무르 제국이 영향을 미쳤던 시기 이슬람 세력들은 인도 대륙 곳곳에 술탄국을 세웠다. 타지마할의 주인공 샤 자한 1세는 이들을 제압하고 통일했던 왕조, 무굴제국의 제5대 황제였다. 동서로 위세를 떨쳤던 그는 재위 중 험난한 인도 남부 데칸의 술탄국까지 원정을 떠날 만큼 용맹하고 거침없는 통치자였다.

이때 동행했던 왕비 뭄타즈 마할^{Mumtaz Mahal}은 데칸 원정 도중 부르한푸르에서 열네 번째 아이를 낳다가 병으로 죽었다. 뭄타즈 마할은 후세 사람들에게 애비愛妃로 회자될 만큼 극진한 사랑을 받았고, 타지마할은 샤 자한이 그녀를 잊지 못해 만든 화려한 무덤이다. 샤 자한은 제국의 수도였던 아그라에 사랑하는 왕비를 위한 영묘를 건설했다. 대공사에는 인도 전역은 물론 이탈리아, 이란, 프랑스, 터키, 중앙아시아 등 세계 곳곳에서 동시대의 기술자와 건축가 2만 명이 동원되었다. 17세기 전성기를 맞은 무굴제국의 막강한 권력과 왕가의 지극한 사랑이 동화 같은 현실로 남겨진 현장이다.

샤 자한은 선왕이던 아버지 자한기르에게 반란을 일으켜 즉위했다. 그러나 폭력으로 쟁취한 권력의 끝은 길지 않았고, 그 역시 셋째 아들 아우랑제브에게 쿠데타로 축출되었다. 3대가 혈육 간 참극으로 권력의 주인공이 바뀌는 대혼돈의 시기였다.

아들에게 쫓겨난 샤 자한은 타지마할 건너편 아그라 요새에 갇혀 죽을 때까지 바깥세상으로 발을 내딛을 수 없었다. 죄수로 신분이 바뀌어버린 채 끝없이 이어지는 슬픔에 통곡하며 계절이 바뀌기를 몇 차례, 비통함에 식사마저 거부한 샤 자한의 머리카락은 하얗게 세버렸다. 인간의 잔인함과 비정함의 최후가 어디까지인지 가늠하기 어려운 시간이었을 것이다.

샤 자한이 갇혀 있던 아그라 요새의 탑에 서면 저 멀리 아련하게 타지마할이 보였고, 여생의 작은 위안은 사랑했던 아내의 무덤을 마주 볼 수 있다는 사실이었다. 다행히 사망 이후 샤 자한은 아내의 석관 옆에 나란히 묻혔다. 이처럼 푸른 하늘 아래 눈부시도록 아름다운 하얀 궁전 무덤은 실은 왕실의 비극을 담고 있는 곳이다.

타지마할은 약 300미터 수로가 연결된 앞쪽 정원을 통과해야만 들어갈 수 있게 설계되었다. 진입 통로는 물길과 평행으로 이어지며, 정원의 질서정연한 사이프러스 나무 사이로 흐르는 물은 생명의 원천을 상징한다. 이 구성은 빛과 시간에 따라 변화하는 우주의 모습을 담아내는 의미로 만들어져, 언제나 태양과 하늘을 대칭으로 비추고 있다. 더불어 흰 대리석으로 지어진 본관 영묘는 정제된 장엄함 속에 무굴 제국 특유의 미감으로 가득했다.

아치형 통로를 지나 타지마할 중앙 돔을 올려다봤다. 22년에 걸친 공사 끝에 완성된 이 영묘는 약 73미터에 이르는 신비로운 팔각 건물이다. 이후 다시는 이런 건물을 만들 수 없도록 기술자들의 손가락을 잘랐다는 이야기도 전해진다. 그 전설만큼 웅장한 중앙의 거대한 돔은 네 모서리에 배치된 작은 돔, 미나레트들이 사방에서 감싸안고 있다.

타지마할의 미나레트는 숨이 막힐 만큼 완벽한 대칭 구조를 이룬다. 또한 사방에 배치된 작은 돔과 네 개의 미나레트 덕분에 중앙 돔은 더욱 장엄하고 권위적으로 부각된다. 미나레트는 기도 시간을 알리는 기능적 요소이자, 영묘의 중심성을 강조하는 장치다. 내부 벽면에는 코란의 구절을 새긴 서예 장식과 식물 문양이 어우러져 있다. 최후의 심판과 부활을 노래하는 경전의 문장들이 흰 대리석 위에 섬세하게 상감되었으며, 연꽃을 비롯한 식물 문양은 돌을 파낸 자리에 반보석을 끼워 넣는 기법으로 완성되었다. 옥과 마노, 터키석 등 수십 종의 반보석이 사용된 장식은 타지마할을 격조 높은 미학의 세계로 이끈다.

건축 당시 사용된 막대한 양의 대리석은 400킬로미터 떨어진 자이푸르에서 운반되었고, 매일 2만여 명이 동원된 공사로 허허벌판이었던 분지는 '타지간지'라는 이름의 신도시로 변모했다. 흰 대리석은 낮에는 보석 장식 본래의 색을 반사하고, 밤에는 달빛을 머금어 은은한 분홍색을 띤다. 보름날 야간 관람이 가장 기막힌 이유다. 중앙아시아와 인도, 페르시아 일대에서 들여온 다양한 반보석들이 장식에 사용되었고, 벽면 상감 기법은 틈새 하나 허용하지

○ 피에트라 듀라 기법을 사용한 타지마할 내부

않는 '피에트라 듀라'라는 모자이크 기법으로 완성되어 긴 세월에도 흠집 하나 찾아볼 수 없다. 르네상스의 유럽 건축 기법이 무굴 제국까지 건너온 것이다.

입구의 타원형 아랍식 공간을 지나자 전경이 한눈에 들어왔다. 영국 식민지 시기를 거치며 중앙 돔의 금장식과 입구의 은제 문은 약탈로 사라졌지만, 물질을 넘어서는 영혼의 사랑만은 장구한 세대를 지나면서도 변치 않고 생생한 이야기로 현세를 사로잡고 있었다.

타지마할은 석양 속으로 점점 긴 그림자를 만들며 조금씩 옅어져 갔다. 아그라와 델리에서 일정을 마치고 뭄바이로 돌아와서도 이 모습들을 잊을 수가 없었다. 곧장 타지마할 호텔 근처 가게에 들러 피에트라 듀라 기법으로 만들어진 화강암 접시를 구했다. 둘레는 자스민과 연꽃, 나팔꽃 문양들이 화려하고 중앙에는 씩씩한 인도의 새끼 코끼리가 새겨져 있었다. 아직도 샤 자한의 사랑 이야기가 전 세계로 팔려 나가고 있는 셈이다.

사랑은 이처럼 위대하다. 시대를 초월하고 공간을 뛰어넘는다. 본래 인간은 고독한 존재다. 혼자 태어나고 혼자 살다가 혼자 죽는다. 하지만 그 사이 사랑과 우정 같은 작은 관계들이 우리를 끝까지 버티고 서 있게 한다. 과거가 흥미로운 이유도 거기에 있다. 인간의 손길이 닿은 모든 것들은 시간이 지나며 의미와 기억으로 가득해지고, 그 모든 것들이 역사로 남지 않는가. 시인 윌리엄 워즈워스의 표현처럼 "인간의 생김새는 모두 다르지만 마음은 하나"이기 때문이다. 그 하나의 마음이 사랑으로 인류사에 남아 있는 곳이 인도 아그라다. 타지마할은 그렇게, 지금도 여전히 애틋한 사랑의 말을 우리에게 쉬지 않고 걸어온다.

J. 폴 게티 미술관,
현대 예술의 꽃

미국 로스앤젤레스

옅은 안개가 상공을 가르며 느리게 지나가는 아침나절이었다. 태평양에서 밀려오는 습기가 아메리카 대륙의 공기와 만나 현기증 나는 시야를 만들고 있었다. 바다와 인간의 경계에서 현실과 비현실을 하나의 화폭에 담아내는 듯한 풍경이었다.

　미술관은 문화의 심장부로서 도시의 이미지를 바꾸는 중요한 요인이다. 미국인들은 광대한 영토를 대표하는 현대 예술의 중심지로 로스앤젤레스의 J. 폴 게티 미술관을 꼽는다. 센터^{Getty Center}와 게티 빌라의 총칭인 이곳은 산타모니카 해변을 굽어보는 언덕 위에 우뚝 서 있다. 건축가 리처드 마이어^{Richard Meier}가 산 위에 설계한 요새 같은 이곳은 산 아래 주차장에 내린 뒤 트램을 타야 닿을 수 있다. 5분 정도 오르면 완벽한 내진 설계와 방재 시설로 지어진

⊂ 게티 센터

웅장한 건축물의 향연이 펼쳐진다.

　J. 폴 게티 미술관은 한 사람의 집요한 수집에서 출발했다. 미국의 석유 재벌 진 폴 게티 Jean Paul Getty 는 미국 중서부 미네소타 출신이었지만, 부친의 석유 사업이 번창하며 캘리포니아로 이주했다. 1942년 오클라호마 유전 개발이 성공하면서 게티 오일이 설립되었고, 사우디아라비아 왕가와 함께 유전 개발에 나서며 그는 단숨에 석유 황제로 부상했다. 그는 이런 말을 남겼다. "당신의 돈을 셀 수 있다면, 당신은 진정한 부자가 아니다."

　그는 다른 영역에서는 소문난 구두쇠였지만, 미술품은 광적으로 수집했다. 미술 작품 수집을 위한 자신의 열정을 마약중독자나 알코올중독자의 중독 증세와 비슷하다고 자주 토로할 정도였다. 그가 석유로 축적한 자본은 예술로 흘러들었다. 당시 가치로만 13억 달러가 투입된 건축 프로젝트는 규모부터 남달랐다. 진도 7.5의 지진에도 견디는 수장고와 연구소, 전시관이 세워졌고, 사망 후에는 60억 달러가 넘는 유산이 미술관에 기부되었다. 소장품은 물론 부동산 자산 전부가 게티 재단으로 넘어갔다. 석유 황제이자 수집광이던 그는 이 언덕에 영원히 마르지 않을 감성의 유전, 말 그대로의 예술 유전을 남겼다.

게티가 우리에게 남긴 감성의 유전은 누구에게나 무료로 개방된다. 한 해 200만 명 이상이 찾는 만큼 게티 연구소의 자긍심 역시 대단하다. 세계 최고 수준의 복원 전문가들이 유럽의 명화나 손상된 건축 도면들을 들고 이곳을 방문한다. "지구가 멸망하더라도 게티의 수장고만 무사하다면 인류사를 다시 쓸 필요가 없다"는 말은 결코 과장이 아닌 셈이다. 미술에 그치지 않고 출판과 음악, 예술, 교육에 이르기까지 게티 센터의 역할은 지금도 확장되고 있다. 또한 게티는 전 세계에서 수집한 개인 소장품을 로스앤젤레스에 묻었다. 태평양 연안 퍼시픽팰리세이즈에 지어진 게티 빌라, 산타모니카산 해발 270미터 언덕에 자리 잡은 게티 센터는 쉽게 시도하지 못하는 명작이 되었다. 게티 빌라의 언덕 아래에는 태평양의 거친 파도가 밀려들고, 게티 센터 꼭대기에 서면 로스앤젤레스 시가지와 주변 산맥이 한눈에 들어온다.

1954년, 20대 초에 이미 막대한 부를 거머쥔 게티는 게티 재단을 설립하고 갤러리를 열어 소장품을 전시했다. 그 후에도 수집은 계속되어 소장품은 빠르게 늘어났고, 결국 전시 공간이 부족해진 그는 인근에 고대 건축 양식의 새로운 미술관을 짓는데, 이것이 바로 게티 빌라의 시작이다. 1974년에 미술관으로 개관했지만 그는 이 미술관을 가보지 못하고 런던에서 세상을 떠났다. 1997년, 소장품이 계속 늘어나자 게티 재단은 게티 센터를 짓기에 이른다. 현재 두 공간은 용도를 나누어 게티 빌라에는 고대 그리스, 로마, 에트루리아 유물을, 게티 센터에는 미국과 유럽 근현대 미술품을 전시하고 있다.

두 곳을 다 돌아보기에는 하루가 모자랐다. 면적만 해도 여의도 이상인 넓은 부지다. 게티 센터에는 기획 전시 외에도 웨스트 파빌리온에 빈센트 반 고흐, 렘브란트 판레인, 클로드 모네 등의 명화들이 모여 있고, 게티 연구소는 100만 권의 장서와 200만 장의 사진을 소장하고 있다.

나는 게티 빌라에 집중하기로 했다. 이곳은 로마 시대 귀족의 빌라를 그대로 재현한 건축물로 유명하다. 고대 로마 해변 별장의 공간 구성과 장식 미감을 현대적으로 해석하여 설계했다. 베수비오 화산으로 매몰된 고대 로마 도시 헤르쿨라네움의 귀족 별장 '빌라 데이 파피리'를 재현하려 애썼다. 1세기 말에 푸블리우스 파피니우스 스타티우스Publius Papinius Statius가 기록한 바에 의하면 로마 귀족들의 빌라는 여러 개의 욕실과 분수, 금도금 천정과 모자이크로 장식된 기둥 등의 호화로움을 모두 갖췄다.

이러한 별장을 실제 거주 공간으로 사용한 인물은 소 플리니우스 Pliny the Younger다. 플리니우스가 소유한 이탈리아 토스카나 소재의 다른 빌라는 당시 최고의 석재인 카라라산 대리석으로 지어졌다. 그는 토스카나와 해안에 자리한 자신의 빌라를 편지로 상세히 묘사하며, 욕실과 정원, 회랑과 채광이 일상을 어떻게 완성하는지를 설명했다. 더불어 그 빌라에 수로가 연결되지 않은 것을 아쉬움으로 남겼다. 플리니우스의 《서간집》에 담긴 이러한 기록은 오늘날 우리가 상상하는 로마 귀족의 별장 생활을 가장 구체적으로 전해주는 자료로 평가된다. 게티 빌라가 재현하고자 한 로마적 공간 감각 역시 이러한 기록에서 출발했다.

이 가운데 목욕 문화가 흥미롭다. 해안이 보이는 기막힌 입지에 돌을 깎아 만든 대욕장이 있었다. 남탕과 여탕 또는 혼탕으로 만들어졌다. 온탕과 냉탕의 기원이기도 하다. 이들은 이곳에서 마음껏 먹고 마시며 휴식을 즐겼다. 그렇게 목욕은 위생을 넘어 사회적 교류와 문명의 수준을 드러내는 행위로 자리 잡았다.

캘리포니아 해안이 내려다보이는 언덕에 2천 년 전 빌라가 완벽하게 지어졌고, 로마의 최고 빌라가 재현되었다는 소식은 세계적인 관심으로 떠올랐다. 말리부 해변에 지어진 이 건축은 해마다 엄청난 인파가 찾는 성지로 이름을 올렸다. 수많은 소장품이 전시된 공간 안팎에는 제정 초기까지 이어진 로마 상류층의 공간 문화가 현대적 감각으로 재해석되어 담겼다.

천사의 도시 로스앤젤레스는 게티 덕분에 세계적인 예술 도시라는 명함을 받았다. 영화의 성지 할리우드를 품고 있어서만은 아니었다. 로스앤젤레스 일대에는 100곳이 넘는 미술관과 전시 기관이 밀집해 있으며, 미국에서도 손꼽히는 규모의 예술 생태계가 이루어져 있다. 서부의 심장인 이 도시는 동부에 비해 미술관이 훨씬 늦게 지어졌지만 다른 주에서 보기 힘든 개방적이고 동시대적인 흐름이 공존한다. 모두 돌아본다면 1년간 여행해도 모자랄 수준이다.

이 지역 부호들의 기부금과 기증으로 설립된 미술관들은 과거의 명작과 현재의 예술을 함께 조망한다. 빈센트 반 고흐, 폴 세잔, 에드가 드가, 르네 마그리트 에두아르 마네, 클로드 모네, 파블로 피카소 등 역사적인 명화는 물론 동시대를 이끌어가는 지금의 예술들이 한데 모여 있다. 19세기 후반부터 다양한 국적의 이민자를 받아들이며 성장한 도시여서일까. 로스앤젤레스 예술계가 재창조한 문화의 스펙트럼은 다른 어느 지역보다 넓고 깊다.

독일 화가 요제프 보이스는 돈이 아니라 인간의 능력과 창의성이 진정한 자본이라고 말한 바 있다. 이름 없이 명멸한 부호들이 얼마나 많은가. 모으는 능력보다 쓸 줄 아는 능력이 사후의 명예를 좌우한다. 예술을 향한 시각과 혼을 담은 정성이 함께 하면 본질에 도달할 수 있다. 벽돌 한 장, 문장 하나, 그 안에 간직된 무늬의 세밀한 호흡까지 오랜 영감이 머무는 숲을 만들어내는 이들의 지혜는 놀랍다.

고대 로마 사회는 전쟁 때 바다에 함대를 댈 수 있는 큰 부자들 클라시쿠스와 가난해서 용병으로 아들을 줄 수밖에 없는 하층 시민 프롤레타리우스들이 한데 어울려 살았다. 역사는 그 어느 쪽도 소홀하지 않았다. 클라시쿠스가 이룩한 무대에 프롤레타리우스가 합세해 새로운 도시 문명을 창조해냈다.

　게티는 런던에서 마지막을 보냈다. 런던 교외 서든플레이스의 대저택에서 죽음을 예감한 그는 모든 재산을 차례로 기부했다. 이때 게티는 분명 레프 톨스토이의 생각에 귀를 기울였을 것이다. "죽음을 의식할 때만 우리는 내면의 선을 회복한다. 죽음을 의식할 때만 우리는 삶의 본질을 아는 것들에게 눈길을 돌릴 수 있다. 죽음을 의식할 때만 우리는 제대로 된 삶을 살 수 있다." 그래서 모든 역사는 다시 현재의 질문으로 되돌아오는지도 모른다.

고라쿠엔,
인간 세상의 파라다이스

일본 오카야마

목숨을 거는 일이었다. 전쟁도, 생존을 둘러싼 투쟁도 다르지 않았다. 15세기 이후 일본의 역사는 늘 원초적 싸움 위에 놓여 있었다. 전장에서 돌아온 이들이 잠시 숨을 고르고 다음 삶을 구상하기 위해 집이 아닌 다른 공간을 필요로 했을 때, 정원은 사유와 절제를 담은 장소로 모습을 갖추기 시작했다. 무한한 자연으로부터 담을 치고 공간을 분리해 소유하는 순간, 인간은 비로소 행복과도 직결되는 심리적 안정을 느꼈을 것이다. 오카야마의 고라쿠엔 정원은 고단했던 전국시대가 막을 내린 뒤에야 생겨난 미학의 공간이었다.

메마른 가지에서는 움이 트고 있었고 동백은 이미 수명의 끝자락에 다다르고 있었다. 겨울 정원임에도 이상하리만큼 적막하지 않아 만상萬象이 연주하는 음표의 잔치 같았다. 겨울의 끝이 봄의

⊂ **고요함을 품고 있는 고라쿠엔**

시작과 맞닿아 있기 때문이리라. 넓은 잔디 광장이 백미인 고라쿠엔 호수는 하늘의 모든 것을 담아내고 있었다. 나무와 숲, 바람과 시간이 함께 연출하는 풍경을 보며 사람들이 정원을 '파라다이스'라 불러온 이유를 어렵지 않게 짐작할 수 있다. 세상의 풍파 속에서 내면을 정화시키는 절제의 공간으로 이만한 대안을 찾기도 쉽지 않다.

고라쿠엔은 오카야마의 영주 이케다 미쓰마사가 14년에 걸쳐 완공한 정원이다. 일본의 3대 정원 가운데서도 가장 깊은 고요함을 품고 있다. 몇 해 전 찾았던 가나자와의 겐로쿠엔은 숲이 울창했고, 미토의 가이라쿠엔은 일본적인 풍미가 짙었다. 그에 비해 고라쿠엔은 수목의 키가 낮고 풍경이 잔잔했다. 300년이 넘는 시간을 견뎌온 정원치고는 과시가 없고 오히려 절제미가 먼저 눈에 들어왔다.

'근심을 먼저하고 나중에 즐거움을 누린다'는 고라쿠엔의 이름에는 당시 사무라이 지배계급의 인생철학과 사유의 방향이 고스란히 담겨 있다. 벚나무 100그루, 매실나무 100그루, 동백나무 100그루, 단풍나무 100그루가 계절을 바꿔가며 인간의 시선에 파노라마를 선사한다. 4만 평에 이르는 자연의 군락 사이로 6천 평이 넘는 잔디밭과 호수가 있고, 그 수면에는 숲과 하늘, 우주를 담아낸 영화관이 날마다 상영된다. 지평선과 수평선이 포개져 하나가 되는 장면이 일상처럼 반복된다. 시절에 맞춰 홍매화는 피어나고 동백은 떨어지는 중이었다.

가장 눈부신 순간에
스스로 목을 꺾는
동백꽃을 보라.

지상의 어떤 꽃도
그의 아름다움 속에다
저토록 분명한 순간의 소멸을

함께 꽃피우지는 않았다.

모든 언어를 버리고
오직 붉은 감탄사 하나로
허공에 한 획을 긋는
단호한 참수.

– 문정희, 〈동백꽃〉 중에서*

고라쿠엔의 오솔길을 걷다 시 한 수가 비장하게 스쳐 지나갔다. 인간의 오만과 무절제를 꾸짖듯, 때를 알고 미련 없이 목을 꺾는 적동백 꽃봉오리들이 발길을 가로막았다. 중앙 연못 사와노이케를 지나 낚시가 허용되는 미노시마섬을 끼고, 하얀 모래톱 위 소나무 숲에 가려진 자리지마섬까지 걸었다. 계절을 잃은 황금빛 야생 잔디만이 오후를 지키고 있었다. 묵언의 발길에 남는 화두는 결국, 말하지 않는 존재와 본질에 관한 사유였다.

"모든 유有에는 비유非有가 침투한다. 비유가 들어오면 유는 더 이상 유가 아니다. 그것은 유의 흔적이다." 게이오대학교 명예교수 이즈쓰 도시히코의 이 문장은, 자연의 정원과 인간의 고뇌가 만나는 지점에서 일렁이는 파도처럼 느껴졌다. 어떤 존재도 홀로 완

* 문정희, 〈동백꽃〉, 《나는 문이다》, 민음사, 2016.

결되지 않는다. 나라는 유 역시 나 아닌 요소들이 침투하면서 차차 변해왔다. 씨앗 하나가 꽃을 피우고 열매를 맺기까지의 과정을 떠올려보면 그렇다. 대지와 빗물, 하늘과 태양, 달빛과 바람 가운데 단 한순간도 분리된 적 없이 바깥 것들을 받아들이며 성장한다. 그제야 '나는 너희다, 너희는 곧 나다'라는 명제가 자연스럽게 성립된다. 정원과 내가 분리되지 않는 순간이다.

내가 나라고 믿어온 나는 이미 어제의 내가 아니다. 오늘의 나는 흔적일 따름이며, 시시각각 나라고 주장할 만한 고정된 실체는 없다. 그러므로 나는 무상無常하고, 공空하며, 언제나 비현재非現在이며 과거의 흔적이다. 그렇게 생각하며 쳇바퀴에 갇혀 안으로만 달리는 다람쥐처럼 발길을 재촉해 수월찮은 고라쿠엔의 원형 코스를 끝까지 다 돌았다.

대나무 숲길로 접어들자 바람이 스르륵스르륵 지나갔다. 세월이 빠져나가는 소리 같았다. 오카야마 앞바다 나오시마로 이어질 다음 여정을 떠올리며 건너편으로 눈을 돌리자, 까마귀처럼 검은 지붕을 얹은 오카야마성이 고라쿠엔을 노려보고 있는 것 같았다. 미쉐린 그린가이드가 별 세 개를 주었다는 정원은 곳곳에서 기품이 엿보였다. 이곳은 욕망의 과잉이 아니라, 자연과의 조화를 통해 평온을 회복하는 절제의 공간이었다. 문득 평온을 위해 세상에서 한 걸음 물러났던 에피쿠로스의 이름이 떠올랐다.

여럿이 함께하기보다, 나를 주장하지 않고 홀로 걷고 싶은 정원이었다. 선악의 경계마저 흐려진 채 편 가르기로 얼룩진 세상에서 마음의 먼지를 쓸어내고 싶을 때, 묵언 수행하듯 눈은 열어두고 마음의 창으로만 세상을 보고 싶을 때 다시 찾게 될 터였다. 붉은 책상포가 가지런히 덮인 후쿠다 티 하우스 앞에 멈춰 서서 말차 한 잔을 바닥까지 비웠다. 오래된 갈증을 씻어낸 뒤 수풀 사이로 가지런히 보이는 불당과 토템 같은 상징들을 지나 오카야마 기차역으로 돌아왔다.

세상살이에 지치고 연륜이 깊어질수록 사람들은 정원을 꿈꾼다. 인간이 오래도록 그려온 이상향이기 때문일지도 모르겠다. 중국 육조시대의 위대한 시인 도연명의 말을 빌리지 않더라도, 좋은 벗과 술, 정원과 사유가 있다면 그것으로 충분한 인생의 낙이라 할 만하다. 산다는 것은 어쩌면, 무수히 세월을 보내고 오지 않을 유토피아를 기다리며 꿈을 낚는 허무한 갈망인지도 모른다. 초봄의 고라쿠엔은 그렇게 다가왔다가 다시 멀어졌다.

다른 세상을 꿈꾸는 건축, 베슬

미국 뉴욕

인도의 라자스탄 아바네리 마을은 고대 왕국의 흔적이 산재해 있는 곳이다. 하르샤트 마타 사원 맞은편, 8~9세기경 조성된 계단식 우물 찬드 바오리는 아직도 힌두교 신자들의 순례 코스로 꼽히며 많은 여행자들의 호기심을 자극해온 고대 건축물 중 하나다.

13층 깊이와 3,500개의 계단으로 이루어진 찬드 바오리는 가뭄과 사막이라는 자연환경 속에서 물을 모으기 위해 설계된 정교한 과학적 구조물이다. 그 시대에 13층 지하 깊이의 물웅덩이를 특수 공법으로 만들었다니 놀라운 일이다. 물이 부족한 인도에서 인공적으로 땅을 파서 수자원을 채운 뒤 계단을 배치해 하면으로 접근을 고안한 과학적 방법은 미래지향적이었다. 고대 인도인들은 이 특출한 구조를 통해 땅속 깊은 곳의 지하수에 접근했고, 계단과 통로를 따라 물의 높이를 측정하며 공동 저장소처럼 활용했다. 찬드 바오리는 단순한 우물이 아니라 순례자들과 여행자들이 머물며 더위를 피하던 쉼터이자 종교적 의례가 이루어지던 신성한 장소였다. 천 년이 지난 지금도 그때 지어진 석조 구조가 거의 완벽하게 남아 있는 덕분에, 인류의 지혜를 증명하는 상징으로 평가된다. 인류사에서 보기 드문 문명의 흔적으로 남아 있는 이유다.

그런 찬드 바오리가 뉴욕 부두에 재탄생되었다. 영국의 건축 디자이너 토머스 헤더윅Thomas Heatherwick의 손길로 탄생한 베슬Vessel이 그 주인공이다. '살아 있는 레오나르도 다빈치'라는 별명에 걸맞게 그의 영적인 감정이 가득 채워진 베슬은 조각과 건축의 경계를 넘나드는 다른 세계의 구조물로 주목을 받았다. 처음 기획자는 별처럼 반짝이는 느낌의 디자인을 원했다고 한다. 헤더윅은 그 구상 위에, 자신의 머릿속에 잠겨 있던 라자스탄의 계단식 우물을 허드슨강 부두에 재현해냈다. 베슬은 실제로 16층 높이에 80개의 전망 플랫폼을 갖추고 있다. 벌집 모양의 개방형 구조는 사람들이 직접 몸으로 경험하는 공간을 만들어 각자의 판타지를 자극한다.

베슬은 멀리서 보면 하나의 덩어리 같지만 펼쳐 놓으면 약 1.6킬로미터가 뭉쳐진 엄청난 길이다. 높이 46미터 유리 난간이 오픈 계단으로 연결된 솔방울 모양의 공공 건축물이다. 텅 빈 건물처럼 보이지만, 바깥으로 이어진 산책 계단은 하늘로 올라간다. 상승과 하강의 방정식이 공존하는, 이 세상과 저 세상을 연결하는 기막힌 오버랩이다. 하늘로 올라가는 나선형 구조물에는 2,500개의

⊂ 하나의 작품 같은 베슬

⊂ 베슬 내부 전경

계단이 자리 잡고 있다. 밖에서 보면 묘한 고철 덩어리 같은데 내
부에서 경험하는 사람은 나만의 여행길을 찾아 계단을 오르고 포
인트마다 바깥세상을 관찰할 수 있는 독특한 시각 통로가 마련되
어 있다. 허드슨강 조망과 맨해튼의 고층 빌딩들이 한눈에 보였다.

황량하고 무질서했던 허드슨강 부두는 베슬을 보려는 사람들로
북적거렸다. 같은 세계에 살면서 이런 기막힌 발상을 할 수 있다니
경외감마저 든다. 그렇게 베슬의 앞쪽과 뒤쪽을 오가며 한나절을
보내고도 아쉬워 맞은편 그리스 음식점에 앉아 와인을 시켜놓고
외관을 오랫동안 관찰했다. 와인 한잔을 들이키고는 휘트니미술
관 옆에서 시작되는 공중 산책로 하이라인을 따라 되돌아왔다.

베슬을 지나 조금 더 가면 토머스 헤더윅의 역작을 또 만날 수 있다. 132개의 하이힐 모양 콘크리트 유닛이 받치고 있는 허드슨 강의 인공섬 리틀 아일랜드다. 쓸모없이 방치되었던 황량한 부두는 이제 시선을 모으는 매력적인 야외 정원으로 바뀌었다. 내부 사이사이에 배치된 공연장과 전망대 풍경은 마치 디즈니랜드의 환상 세계로 걸어 들어가는 느낌이었다. 유행과 욕망의 심벌 하이힐을 소재로 헤더윅은 사람들의 이야기가 가득한 스토리 캐슬을 만들고 싶었던 모양이다.

토머스 헤더윅은 모든 건물은 외부의 고객과 내부의 고객을 함께 만족시켜야 한다고 말한다. 건물 안의 고객은 많아야 몇천 명인 데 반해 건물을 보고 지나가는 외부 고객은 무수히 많다. 건물은 그들에게도 감성적인 만족을 줘야 한다는 헤더윅의 의견에 나는 전적으로 동의한다. 도시 공간은 지주나 건물 관계자의 소유물이 아니라 도시 전체의 이미지이기 때문이다.

미래의 조각가이자 건축가인 그의 작품 세계는 항상 기발한 상상력으로 시각을 자극한다. 일단 네모나고 반듯반듯한 형태의 식상한 전통 건물 형태를 거부한다. 오랜 세월 이어온 정형화의 고정성을 통렬하게 깨버리는 후련함이 있다. 여기에 초현실 감각의 디자인 요소가 가미된다. 헤더윅의 최고 작품은 역시 상하이 엑스포에서 선보였던 영국관 건물 디자인이다. 25만 개 씨앗을 담은 6만 개의 투명 아크릴 막대는 관람객들을 완전히 다른 세계로 인도했다는 호평을 받았다. 건축계에서는 이른바 '씨앗 대성당'으로 기

◠ 리틀 아일랜드

억하는 건물이다. 이 작품으로 그는 세계적인 명성을 얻었다.

2020년 설계한 헤더윅의 '1000 Trees'는 핫 플레이스로 인기를 모았다. 상하이 예술 지구 M50 옆 복합 단지 공원과 연결된 예술 지구인데, 1천 개의 기둥이 나무를 담은 화분 모양을 하고 있다. 이것들이 복합 단지의 지지대 역할을 해준다. 건물과 주변 자연이 매끄럽게 연결되는 아이디어는 지금까지 볼 수 없었던 독특한 디자인 건축이다. 도쿄 구도심 미나토구의 '아자부다이 힐스'의 저층부도 그의 손길로 완공되었다.

현대건축의 화두는 역시 심플함과 깔끔한 외관이다. '심플 이즈 베스트' 정신이 깔끔한 외관과 만났을 때 어떤 일이 벌어질까? 현대인들이 선호하는 미래 상상형 디자인 건축이 탄생하는 비밀 통로가 여기에 있다. 역사 속의 도시들은 평균 40년을 주기로 무수한 건물들을 짓고 부수는 순환 고리에서 벗어나지 못한다. 감성이 느껴지는 건물은 결국 휴먼 터치를 기본으로 얼마나 지속 가능할지의 문제로 귀결된다.

인간은 스스로를 구하기 위해 야생의 본능을 갈망한다. 그곳에서만 자신의 본래 모습을 가장 잘 볼 수 있기 때문이다. 이때 중요한 인자는 감성의 눈이다. 토머스 헤더윅은 인간이 가진 본능적인 감성의 방향에 상상의 세계를 혼합해내는 선구자적 시각을 가졌다. 이 같은 태도는 역사 속으로 낡고 스러져가는 수많은 도시들의 숙제이기도 하다.

"오래된 것에는 혼이 들어 있다. 모든 것이 새것이면 개성도 혼도 없다. 도시의 오래된 부분을 허물지 않고 용도를 바꾸는 방법을 고민한다면 인간적이고 문화적인 공간이 될 수 있다." 서울 방문 때 한옥에서 하룻밤 지낸 경험을 소중하게 간직하고 있다는 토머스 헤더윅, 21세기 레오나르도 다빈치라는 별명의 그가 우리 한옥에 특별히 관심이 많다니 반가운 일이다. 그의 건축관은 이제 도시 재개발의 보편적 메시지가 되기에 충분하다. 기능성과 멋을 함께 창출해내야 하는 인류 전체의 시각과 맞닿아 있다.

행복한 새벽의
성지

태국 수코타이

동남아시아의 중심부인 태국은 이 지역에서 유일하게 식민지를 경험하지 않고 독립을 지켜왔다. 최고의 날씨와 지정학적으로 좋은 위치에 맛있는 음식과 후한 인심까지 더해져 살기 좋기로 소문난 나라다. 여기에 우리나라 세 배 정도 크기의 광활하고 비옥한 영토는 물론 7천 만 인구까지 갖췄으니 축복받은 곳이라 칭해도 과언이 아니다.

며칠 동안 방콕에 머물다가 아침 일찍 공항에 나가 경비행기에 몸을 실었다. 태국의 과거를 보고 싶어서였다. 한 시간 만에 태국 북부 수코타이 공항에 내려 옛 성터를 찾았다. 화려했던 도읍지는 고요했고, 동서와 남북으로 2킬로미터 정도의 정사각형 형태로 조성된 역사 유적지에는 사원의 일부와 불상 몇 개, 반쯤 잘려나간 돌기둥들이 남아 있었다. 방어의 벽은 흔적도 없이 사라졌지만 건너지 못하게 설계된 물길의 이중 배치가 인상적이었다.

나는 사라진 그 흔적 속에서, 5킬로미터 둘레 안쪽의 왕궁과 사원의 돌계단에 발걸음을 남기면서 아쉬움을 달랬다. 자전거를 빌려 타고 옛터 사이를 느린 속도로 돌았다. 남아 있는 흔적들이 푸른 하늘과 대칭을 이루며 정적 속에 묻혀 있었다. 한때 화려했던 왕도는 세월에 풍화되어버린 잔해들 사이로 바람만이 오가고 있었다. 거친 질감으로 뜯기고 부서진 돌기둥 틈새로 사암의 굵은 모래 입자들이 선명했다.

태국 선조들은 6~11세기경부터 중국 윈난 지역에서 점차 남쪽으로 밀려 내려오며 인도차이나반도에 정착했다. 13세기 초 몽골 침공으로 남하가 가속화되면서 크메르 영향권에서 벗어나 1238년 수코타이 왕국을 세웠다. 북부에서는 란나 왕국(치앙마이)이 동시대에 형성되며 수코타이와 함께 타이족 국가들이 번성했고, 이후 중부 아유타야와 방콕으로 이어졌다. 이들은 당시 동남아시아의 강자인 크메르 영토에 자리를 잡고 역사를 다시 썼다.

영토가 넓은 태국은 그만큼 다양한 민족과 지역 전통을 포괄하면서 종교나 문화의 깊이도 여러 층위로 발전해왔다. 거대한 사찰 터와 화려한 불교 유적들이 산재한 것은 불심으로 나라를 지탱하려 했던 당대 사람들의 유산이자, 절에서 수도하는 삶을 최고로 여기고 섬기는 문화가 만들어낸 결과다. 수코타이 역사 유산 가운데 상당수는 화려한 전성기를 구가했던 람캄행 대왕 시기의 번영을 배경으로 형성되었다. 그는 기존의 힌두교, 불교 전통 위에 테라바다(상좌부) 불교를 국교로 삼으며 후대에 태국 문자로 이어지는 수코타이 문자도 창제했다. 수코타이 왕국은 현대 태국의 기초를 만든 첫 타이 왕국으로 자주 언급되며, 수코타이 이전에는 무앙이라는 작은 지역 세력들이 군웅할거 했다. 일대를 제압하고 국가 형태를 갖춘 왕국의 첫 출발점이었다. 약 13세기 중엽부터 15세기 초까지 대략 150년 남짓 상좌부 불교 왕국의 중심지로 기능한 셈이다.

세월에 스러진 수백 개에 이르는 사찰 터와 탑, 불상 유적은 발굴되었거나 부분적으로 복원되었다. 방콕과 치앙마이 중간쯤 위치한 지리적 안정성과 비옥한 평야, 풍부한 수자원이 번영의 바탕이었다. 전성기 수코타이는 '물에는 물고기가, 들판에는 쌀이 가득하였고 누구나 자유로이 교역을 하러 다녔다'고 기록될 정도로 번성했다. 수코타이는 원나라와 교역 관계를 맺으면서 도자기 생산과 무역이 크게 발달했고, 상갈록 도자기로 대표되는 독자적 양식을 발전시킨 중요한 생산지 가운데 하나였다.

넓은 사원 터와 엄청난 불상들의 자취는 수코타이의 지나간 영화를 짐작하게 했다. 이 도시는 14세기 후반 이후 북쪽 란나와 남쪽 아유타야의 압박, 내부 분쟁 속에서 세력이 점차 약화되었다. 게다가 내륙의 분쟁까지 가세한 20년의 세월은 모든 것을 무너뜨렸다. 1378년, 결국 근처에서 세력을 키운 아유타야 왕국에 흡수되면서 1438년에 독자적인 왕조는 무너졌다.

수코타이에 이어 아유타야, 톤부리, 지금의 짜끄리 왕조로 태국의 권력은 이어졌다. 현재 최고의 통치자인 라마 10세 국왕의 사진은 수코타이 시내에서도 곳곳에서 만날 수 있었다. 유적지 복원은 태국 정부의 오랜 노력이 뒷받침된 결과다. 그 결과 수코타이 역사 공원과 인근 도시 유적은 1991년 유네스코 세계유산으로 등재되었다.

왕궁 터의 중심지 왓 마하탓 사원은 비교적 옛 모습을 잘 지키고 있었다. 전형적인 태국식 대형 불상이 중앙에 자리 잡고 주변을 벽돌 불탑들이 감싸는 구조였다. 불상의 몸은 흰 석회가 발라져 있었고 머리 위로는 불꽃이 치솟았다. 여기서 불꽃은 부처의 지혜를 상징하는데, 그 모양새가 바깥 연못과 어우러져 묘한 신비감을 드러냈다. 고대 그리스나 로마의 어느 유적지 못지않은 경이로움이 숨겨져 있었다.

'왓'은 태국어로 사원을 뜻한다. 수코타이의 최대 사원 왓 마하탓은 해자로 둘러싸여 있었다. 수많았던 불탑은 거의 없어지고 복원된 일부가 전성기의 영광을 지키고 있었다. 왕실 최대 사원의 위용만 성터 곳곳에 남아 있었다. 기둥 위 사라진 건물들은 지나간 시간을 그려내야 하는 상상의 영역이지만, 백색 부처의 독특함은 사원의 자랑이다. 미소 가득한 석불에 위로받고자 하는 이들의 발길이 연중 이어지고 있었다.

옛 성터의 대표 건축물은 왓 시사와이다. 힌두교 풍 분위기에 옥수수처럼 생긴 트리플 주탑이 눈길을 끌었다. 힌두교의 브라흐

⊂ 수코타이 유적지의 거대한 불탑들

마와 비슈뉴, 시바에게 봉헌된 것이 오랜 세월을 거쳐 불교화되었다. 입구에서 걸쳐 보이는 불탑 건축은 인도의 전형적인 시바 여신 사원을 연상하게 했다.

연못을 경계로 오른쪽 방향에 세워진 스리랑카식 남방 불교 사원과 첨탑도 일품이었다. 종 모양의 육중한 지상 유선형 사원에서 숫아오른 첨탑이 허공을 향하는 구조다. 방콕의 에메랄드 왕궁처럼 수코타이 옛 성터에도 불교와 힌두교, 스리랑카 풍의 소승 불교 사원이 사이좋게 공존하고 있었다. 포용과 너그러움이 배어난 바탕을 짐작하게 한다.

수코타이는 타이족의 이상적인 불교 정토로 만들어진 만큼, 이 공간에 다양한 종교와 문화가 포용되었다. 그들은 생명수인 차오프라야 강물을 관개시설로 끌어들여 미리 파놓은 호수에 저장시키는 방법으로 성읍의 발전을 도모했다. 땅은 해자로 연결되고 사각과 원형으로 어우러져 흘러나가는 독특한 지형을 만들어냈다. 이곳은 낙원을 함께 꿈꾼 동남아 중세인들의 거점이었다.

수코타이 사원에 그려진 만다라가 시선을 유혹했다. 만다라는 '원'을 뜻하는 산스크리트어 '만다라Mandala'를 소리대로 번역한 것이다. 본질을 의미하는 '만다'와 소유를 뜻하는 '라'가 결합된 말이다. 힌두교에서 생겨났지만 불교 쪽에서 더 많이 사용한다. 불가의 수행을 상징하는 만다라는 명상을 통해 수행자가 우주와 합일하고자 하는 깨달음의 안내도다. 세상을 등진 수행자들의 마음 상태이기도 했을 것이다.

왓 마하탓은 대형 불탑을 중앙으로 주변에 여덟 개의 아담한 탑이 배치되어 부처의 세계로 갈 수 있는 만다라 형상의 재현이다. 번뇌와 갈등에서 벗어나는 걸 반복하는 만다라 속에서 '나'에 대한 집착도 자연스럽게 내려놓았을 것이다. 그때나 지금이나 산다는 것은 고단함이고 벗어 던져야 하는 숙명의 짐이었던 모양이다. 절터에 산재한 체디(불탑)와 비한(법당)의 연결 조합은 신비한 불성을 자극했다. 인도차이나반도의 다양한 불교 양식이 혼합되어 수코타이의 역사 속에 녹아든 현장이었다.

왓 사시는 아름답고 유연한 자태로 걸어가는 부처를 표현한 태국 예술을 대표하는 작품이다. 국제적으로 수많은 탐방객들이 찾는 걸작이기도 하다. 옛사람들도 삶에 지칠 때마다 이곳에서 서방 정토 극락세계로 향하는 깨달음을 생각했을 것이다. 세월에 스러진 돌기둥과 이끼도 말라버린 불상들이 마음을 흔들었다. 호수는 하늘이 지나는 시간에 맞춰 매순간 황홀한 이상향을 그려내고 있었다.

수코타이는 '붓다의 행복한 새벽'을 의미한다. 최초의 의도대로 당대 사람들은 부처가 행한 깨달음을 통해 누구나 피안의 세계를 꿈꿀 수 있는 희망을 주고자 했을 것이다. 장자의 말처럼 '인생은 잘 놀다 가는 것'일 텐데 이곳을 걷고 있는 모든 이들이 그런 생을 실천하는지는 의문이다. 다만 불교의 너그러움과 여유를 아는 태국인들은 항상 잔잔한 미소 속에 두 손을 모으고 정겨운 표정들이다.

태국의 세계적인 불교 지도자 아잔 차 스님은 번뇌에 빠진 이들을 조건 없이 건져내주는 현인이었다. 태국 북동부 태생으로 숲속에서 참선하고 출가한 후 위대한 스승이 되었다. 불가의 과거와 현재의 연결고리를 찾아낸 선승에게 태국인들은 변함없는 존경을 보내고 있다.

아잔 차가 실천한 '위빳사나Vipassana' 수행법은 단순하다. 모든 것을 있는 그대로 놓아두는 것이다. 아무것도 붙잡지 말고, 심지어

깨달으려고도 하지 말라고 가르친다. 집착도 거부도 아닌 중도를 걸으라고 한다. 세상의 일시적인 일들은 불만족스럽다. 자아가 없음을 알아차리고 모두 놓아버려야 한다. 불교 명상에 관한 그의 간결하고 명쾌한 법문들은 거침이 없다. 선승의 유머와 통찰을 잊지 못하는 사람들이 아직도 많은 까닭이다.

수코타이에 머무는 동안, 나는 마음속에 아잔 차의 수행법을 떠올리며 만다라를 그렸다. 완전하지 않고 방황했던 과거의 내 흔적들이 모여 현재의 나를 이룬 것이라면, 이것은 인생의 영원한 굴레일 것이다. 고요한 사원에서 만난 만다라의 끝 어디쯤에 열반의 세계가 숨겨져 있지 않을까. 침묵 속에 깊이 잠겨 있는 수코타이의 모습을 수채화로 마음속에 그려 넣으며 오후의 햇볕을 넉넉하게 떠나보냈다. "아제 아제 바라 아제. 바라승 아제 모지 사바하(가자 가자 건너가자. 저 피안의 세계로 가자)." 금강경의 만다라를 떠올리며 텅 비어서 더 깊어진 과거의 땅을 걷고 또 걸었다.

종교인가,
예술인가

아랍에미리트 아부다비

아부다비 모스크는 웅장했다. 지구촌 어디에서도 볼 수 없었던 섬세한 예술적 디테일에 압도당하는 기분이었다. 수많은 돔과 줄지어 선 백색 기둥, 하늘로 솟아오른 미나레트, 외부와 내부에서 한 묶음으로 보이는 건축의 예술성은 시대를 뛰어넘는 작품이었다. 모스크 중앙 돔 앞에 선 나를 완전히 다른 세계로 데려가는 느낌이었다.

아부다비 모스크의 본명은 셰이크 자이드 그랜드 모스크다. 아랍에미리트 초대 대통령 자이드 빈 술탄 알나얀이 구상한 걸작이다. 어느새 그랜드 모스크는 이 지역 문화와 화합의 상징으로 우뚝 섰다. 82개의 돔과 1천 개의 기둥, 최대 4만 명이 동시에 예배를 올릴 수 있는 규모가 파격적이다. 스와로브스키와 황금으로 장식된

12톤짜리 초대형 샹들리에는 인류의 자랑스러운 문화유산이 되었다.

숙소인 에미리트 팰리스 호텔의 화려함에 놀라고 그랜드 모스크의 위용에 다시 놀란 시간이었다. 순백의 돌을 깎아 다듬고 이어 붙인 건축물은 9년간의 공사 끝에 완공되었다. 아부다비는 물론, 중동의 자랑으로도 손색이 없다. 내부에는 자이드 초대 대통령의 묘소가 경건한 분위기를 유지하고 있었다. 모스크에서 코니쉬 해변으로 떨어지는 석양은 한 폭의 명화였다.

스페인 알람브라 궁전과 인도 타지마할과 견줄 만한 걸작으로 평가되는 이유가 있다. 이슬람 문명의 최대 유적으로 꼽히는 두 곳을 능가하는 명품 건축 대열에 올라설만 했다. 그리스 북부 마케도니아에서 가져온 순백색 돌로 지어진 건축의 완벽한 입체감은 비교 불가였다. 해질녘 회랑 연못에 비친 모스크의 데칼코마니는 신이 내린 창작물이었다. 모스크 건설에 피땀 흘린 인도의 석공 장인들에게 경의를 표하고 싶다.

모스크는 이슬람 사원이다. 마스지드는 엎드려 예배를 드리는 곳이다. 하루 다섯 번, 정확히 정해진 시간에 메카를 향해 엎드린다. 에스파냐를 약 800년 동안 지배했던 무어인들의 사원 이름인 메스키타Mezquita가 영어 이름 모스크Mosque가 되었다. 모스크는 국가가 짓거나 부유한 술탄이 단독으로 추진하는 경우도 있지만 대개는 다수의 기부금으로 건축된다. 자식에게 부를 물려주는 것은 이슬람 사회의 미덕이 아니기에, 대부분 일부만 남기고 모두 사회에 환원한다. 가장 많은 돈은 결국 모스크 건축으로 집중된다. 예배 장소이면서 병원이나 학교 등이 병존한다. 당연히 각 지역의 중심이 되는 중요 시설이다.

이슬람 국가는 대개 더운 지역에 위치하기에 사람들은 모스크에서 더위를 피하기도 하고 모여서 여론을 형성하기도 한다. 왕의 중요한 전달 사항이 내려지는 수단으로 이용되기도 한다. 이슬람들의 생활 중심지면서 도시의 상징인 셈이다. 그러다 보니 모스크 주변은 반드시 시장이 형성되어 주민들이 자연스럽게 모여드는 구조다.

지치고 갈 곳 없는 여행자들 역시 모스크를 찾는다. 숙소와 음식이 신의 이름으로 무조건 주어진다. 중세부터 절대적인 피신처이자 쉼터였던 모스크는 미나레트로 등급을 인정받는다. 신을 향한 열망을 담아 첨탑으로 초대하는 의미다. 아잔(이슬람교에서 예배 시각을 알리기 위해 큰 소리로 외치는 일)의 목소리는 매일 다섯 차례 모스크 일대를 적신다.

신은 위대하다, 우리 모두 예배를 보러 올지니. 알라만이 유일하시고 다른 어떤 신도 없나니. 무함마드는 그분의 예언자임을 증언하나이다.

– '아잔' 중에서

새벽 예배를 시작으로 낮과 오후, 해가 지는 시간, 취침 전 예배는 이들의 일상이다. 예배 시간을 알리는 아잔의 목소리가 곧 시계다. 이슬람의 하루는 아잔의 음성으로 시작되고 끝난다. 그들은 중세 이후 모스크 건축물에 압축된 예술혼을 담았고 정신의 보고로서 불멸의 역할을 해냈다. 사우디아라비아 메카에서 출발한 이슬람 문화는 페르시아를 포용해 한 차례 도약했고 실크로드를 따라 중앙아시아와 중국, 인도 문화까지 녹여내 꽃을 피웠다.

오아시스 유목 사회의 별자리 관측은 서구 세계의 점성학으로 발전했다. 많은 별자리 이름이 이슬람 문화의 산물이다. 대수학,

연금술, 의학 등은 현대 과학기술의 바탕이 되었다. 페르시아 수학자 알콰리즈미Algorismus의 방정식과 십진법, 연산법이 지금의 알고리즘으로 연결되었다. 설탕, 커피, 파자마, 라일락, 철학, 알코올, 파라다이스 등 무수한 일상용어의 출발점 또한 이슬람이었다.

아부다비 모스크에는 사방에 네 개의 미나레트가 있다. 예배당 내부의 화려한 민바르(설교단)에서 이맘(이슬란 교단의 지도자)이 설교했고, 미흐랍 앞에서 예배를 집전했다. 신도들은 미흐랍을 향해 하루 다섯 번 기도를 올린다. 아름답고 호화롭게 장식하는 이유다. 미흐랍 앞에는 손과 발을 씻고 들어가도록 사흔이 준비되어 있다.

바깥쪽 미나레트를 중심으로 중앙 돔 건축은 이슬람 전통 돔 양식이다. 미흐랍 벽면은 이슬람 경전 코란의 주요 대목들이 꽃과 나무 모양의 음각 문자로 장식되어 있다. 코란의 기하학적 서체 디자인이 아라베스크 문양이다. 시작도 끝도 없는 반복과 대칭 구도는 오묘한 신의 예술로 여겨진다. 아라베스크는 우리에게 당초문으로 남아 있다. 로베르트 슈만의 피아노 곡이나 클로드 드뷔시의 초기 피아노 곡은 아라베스크 형식으로 클래식을 대표한다.

모스크의 스테인드글라스와 결합해 빛을 흡수하고 통과시키는 모습은 너무도 경이로워 시선을 거둘 수가 없었다. 천국을 상징하는 꽃잎과 이파리들, 물과 정원의 배치는 환상적이었다. 1천여 명의 이란 여성들이 2년 동안 손으로 만들었다는 초대형 양탄자와 천문학적 건축비는 두고두고 화젯거리다.

세계 최대 모스크 중 하나인 이스탄불의 블루 모스크 등 전통

⊂ 모스크의 미나레트

모스크가 아부다비 모스크의 실제 건축 참고서였다. 기초 디자인
은 카사블랑카 모스크와 페르시아, 무굴 모스크가 토대였다. 대표
적 이슬람 지역 세 곳의 화합 의미를 담고 있다.

이슬람은 610년 사우디아라비아 메카에서 무함마드가 알라의
계시를 받아 완성했다. 전지전능한 절대자, 우주를 만든 유일한 창
조주로 섬긴다. 이슬람은 아담과 아브라함, 모세로 이어지는 성서
의 예언자들을 인정하고 추앙한다. 예수 이후 하느님이 보낸 마지
막 예언자로 무함마드를 믿는 신앙이다.

57개국 약 19억 명의 무슬림들은 지구촌의 거대한 문화권을 형

성하고 있다. 우리와는 천 년 이상의 교류 역사를 갖고 있다. 그들은 한류를 좋아하고 열광한다. 국내 필요 에너지 80퍼센트 이상을 이 지역에서 수입하고 건설 플랜트 시장에서 상호 협력하고 있다.

하지만 종교적으로는 공존을 거부하고 오랜 시간 기독교와 대립해왔다. 서구 세계와 이슬람의 수 세기에 걸친 적대관계는 쉽게 치유하기 어려운 문제다. 그렇다고 중동과 이슬람 세계를 편견으로 바라보는 것은 당연히 시대착오적인 접근이다.

종교는 인간의 영혼을 구원한다. 목표는 동일하다. 구원을 얻는 수단이 서로 다를 수 있다는 점을 인정하고 포용하는 자세가 절실하다. 나는 늘 두 종교를 서로 다른 문화의 형태로 받아들이고 있다. 감정보다 이성으로 다가선다면 얼마든지 아름다운 공존이 가능하다. 아부다비 모스크 동쪽 입구를 지나는 벽에 새겨진 문구를 마음에 담았다. 사막을 가로질러 두바이로 돌아오는 동안에도 몇 번이나 되뇌었다. "나는 존재한다. 우리가 존재하기 때문이다. 우리가 존재하기 때문에 내가 존재한다."

1933 라오창팡,
도살장의 결혼식

중국 상하이

상하이 1933 라오창팡에는 지나간 시간의 역사가 박제되어 있다. 모스부호를 닮은 무늬가 새겨진 콘크리트 외벽 안쪽의 숨겨진 공간으로 들어서면, 근대적 도살이 시작되었던 시절의 기운이 아직 자리하고 있다. 겉으로 보기에 이곳은 낡은 창고처럼 평범한 건물이지만, 서양 문명의 파도가 밀려오며 대규모 육류 소비가 현실이 되었을 때 등장한 시대의 해결책이자 도축장이었다.

1930년대, 영국인 건축가의 설계로 지어진 라오창팡은 어느덧 100년에 가까운 역사를 안고 있다. 현대화된 상하이 신도시 푸동의 고층 빌딩들과 달리, 라오 상하이(옛 상하이)의 기억을 간직한 유물이다. 껍질 속 알맹이처럼 감춰진 내부는 지하에서 지상 5층까지 하나의 공간으로 이어진 원통형 구조이며, 외부를 연결하는 스물여섯 개의 다리가 미로처럼 엉켜 있다. 그 공간에는 동물과 인간이 쉴 새 없이 드나들며 각자의 운명을 뒤바꾼 흔적이 남아 있다.

죽음을 아는 소들은 라오창팡에 들어서며 눈물을 흘렸다고 전해진다. 끌려가며 자신의 마지막을 감지했다는 이야기다. 무수한 생명들이 흔들리며 지나갔을 통로에 서서 사방을 둘러보았다. 비스듬한 경사로에 들어서면 뒤에서 밀려드는 무리의 압력에 떠밀려 앞으로 나아갈 수밖에 없는 구조다. 분노한 동물의 공격을 피하기 위해 기둥 뒤에 마련된 대피 공간도 눈에 띄었다. 모든 구조는 효율적인 타살을 전제로 설계되어 있었다. 그 미로 속에는 이승과 저승이 공존하는 듯한 기운이 감돌았다. 현실과 다른 세계의 경계에 서 있는 느낌이었다.

도살장으로 들어가던 소들의 길을 따라가며 여러 번 방향을 잃었다. 직선과 곡선을 조심스럽게 살펴야 다시 돌아 나오는 통로를 찾을 수 있었다. 동물과 인간의 인연이 얽혀 있는 만다라의 길 같았다. 마치 사라진 목숨들의 시간이 층층이 쌓여 있는 듯했다.

문득 윤회의 흐름 속에서, 한때 소로 살다 죽은 생명이 다시 인간으로 환생한 것이 나일지도 모른다는 생각에 사로잡혔다. 하나의 가설이자 상상에 불과했지만, 그 상상은 내가 이 공간을 통과하는 방식이 되었다. 미로는 전생과 현생을 관통하며 소와 사람이 공존하고 있었다. 죽음의 저쪽 세계와 삶의 이쪽 세계 사이에 서 있는 나 자신을 바라보았다. 라오창팡을 거쳐 간 수많은 동물의 영혼이 확장되어 내 안으로 스며드는 듯했다. 돌고 돌아 그 밤이 다시

⊏ 1933 라오창팡

오고, 지나갔던 시간까지 같은 공간으로 모이듯 삶과 죽음은 반복되는 고독한 행렬 속에 있었다.

아직 햇빛이 남아 있는 바깥 풍경에는 차오르는 계절의 기운이 완연했다. 면벽한 선사의 명상처럼 고요한 침묵만이 그림자처럼 따라다녔다. 순간순간이 이어져 하나의 생으로 흘러가는 것이 일상이다. 이렇게 소리 없이 절제된 공간에 스스로를 가두는 일은 일상에서는 좀처럼 얻기 힘든 기회다. 나뭇잎이 다시 태어나 계절을 맞아들이는 외부 세계처럼 소들의 기억은 지난 세계의 완성이었다. 죽음은 끝이 아니라 신성한 윤회의 시작이라는 믿음이 이곳에서는 쉽게 흔들리지 않았다. 현생의 덧없음을 온전히 이겨내야 하는 오후였다.

동물은 영혼이 없어 죽은 후에는 땅으로 꺼진다고 한다. 그러나 도살장 앞에서 굵은 눈물을 흘렸을 소들을 떠올리자 생각이 쉽게 정리되지 않았다. 동물과 인간의 교감을 연구하는 전문가들은 인간이 동물과 70퍼센트 이상 소통할 수 있다고 말한다. 그렇다면 인간은 최소한 사냥 전에 감사 기도를 올리던 인디언의 정성만큼은 지녀야 하지 않을까. 우리가 이 세상에 태어날 때, 가장 순수하고 맑은 동물의 영혼을 빌려왔다고 믿는다면 말이다.

숫자는 시대와 사상을 상징한다. 조지 오웰의 《1984》, 1988 서울 올림픽, 콘스탄틴 게오르규의 《25시》, 그리고 1776년 미국독립선언처럼 '1933' 역시 이 건물이 태어난 시대를 또렷이 각인한다. 이곳은 20세기 초 제국의 역사가 힘으로 강제된 장소다. 당시 아시아 최대 도축장이었던 라오창팡은 상하이 전체 육류 소비량의 70퍼센트를 처리했다. 그러나 그 자취는 이제 상처가 아니라 창조의 공간으로 전환되고 있다. 시간이 흐르며 1970년에는 창청 생화학 제약공장으로 용도가 바뀌었고, 2002년 사용 중지 명령 이후 4년의 공백을 거쳐 2006년 우수 역사 건물로 지정되었다.

오늘날 라오창팡은 '1933 크리에이티브 센터'로 불린다. 더 이상 동물의 죽음을 떠올릴 수 없도록 모습을 바꿔가고 있다. 예술가들의 전시장과 카페, 식당이 들어섰고 이벤트 홀은 결혼식 명소가 되었다. 죽음의 장소에서 열리는 결혼식이라니 얼마나 역설적인 풍경인가. 경건하고 엄숙한 백색 웨딩의 세리머니는 어쩌면 진혼

⊏ 1933 라오창팡 내부의 계단

제이기도 했으리라.

그 시대처럼 예술이 찬란하게 꽃피었던 라오 상하이로의 회귀다. 도살장의 어두운 기억은 예술적 에너지의 기폭제로 점화되어, 숨 막히는 현실로부터 역사 속으로 잠시 몸을 숨길 수 있는 즐거운 도피처가 되었다.

아무것도 가진 것 없는 나무줄기는 아랑곳하지 않고 그저 묵묵히 쇠처럼 이상하게 높은 하늘을 찌르고 있었다.

— 루쉰,《들풀》 중에서

제국주의에 대한 분노를 가라앉히며 도살의 시대를 응시했던 루쉰의 시선으로 라오창팡을 다시 그려보았다. 1930년대 그의 사색에 다가서기 위해 근대 상하이의 골목들을 돌아다녔다. 루쉰의 표현처럼 '아침 꽃을 저녁에 줍는 자세'로 계절을 보내며 다가오는 시간을 담아내야 하리라.

가우디의 미친 꿈이
현실로

스페인 바르셀로나

허공을 박차고 올라간 사그라다 파밀리아 성당은 그 끝을 한눈에 담기가 어려웠다. 염소들이 놀던 풀밭을 매입해 시작된 엄청난 대역사는 첫 삽을 뜬 지 150년이라는 세월이 흘렀지만 아직도 미완성이다. 19세기에 시작된 공사가 21세기에나 마무리될 모양이다. 바르셀로나 시내에 우뚝 솟아오른 건물은 이베리아반도의 명품을 넘어 인류의 위대한 유산으로 평가받고 있다.

천재 건축가 안토니 가우디 Antoni Gaudi 는 어떤 영감을 받아 기념비적인 대장정을 구상했을까? 스페인 내전과 장구한 세월의 굴곡을 헤치면서 달려온 현장은 외벽 조각과 메인 출입문까지 완성되어 종점을 향하고 있다. 한쪽은 아직 공사장인데 한쪽은 이미 관람객들로 가득했다. 매년 500만 명이 이곳을 찾는다. 일대는 활기로

⊂ 카사밀라 옥상의 조각

가득했다. 가우디의 도시인지, 스페인 카탈루냐의 중심지인지, 스페인의 바르셀로나인지, 행복한 혼란의 연속이다.

사그라다 파밀리아 성당은 완공 전 유네스코 세계유산이 된 유일한 건축이다. 가우디의 작품 세계는 석회암으로 뒤덮인 바르셀로나 근교 몬세라토의 암석 형상들이 시작이었다. 고향 마을의 기암괴석을 재현한 카사밀라 옥상은 가우디 스타일을 이해하는 첫 번째 순례 코스다.

카사밀라는 바르셀로나의 부잣집 밀라 부부의 주택으로 지어졌다. 옥상에는 외계인 모습의 가우디 조각들이 정연한 모습으로 들어서 또 다른 세계와의 연결을 시도하고 있다. 우주에서 날아온 외계인들과 대면하는 순간이다. 육중한 갑옷에 양어깨에는 두툼한 심지가 넉넉히 들어간 철투구 복장이다. 용맹한 무사이거나 중세 십자군 전쟁에 나섰던 전사들의 모습이다. 햇빛에 반사되는 조각상 물체들의 시선을 온몸으로 맞으며 나는 한동안 그곳에 머물렀다. 카탈루냐의 신화들이 말을 걸어오는 느낌이었다. 가우디 세계와의 첫 대면이었다.

영화 〈스타워즈〉 시리즈에 등장했던 외계인이 카사밀라에 가득했다. 스티븐 스필버그 감독이 전 세계를 돌아다니다가 바르셀로나에서 무생물 주인공을 캐스팅했던 셈이다. 미래의 우주인 병사를 스크린에 채용한 결과는 대성공이었다. 관객들은 우주에서 다가오는 외계인 형상으로 가우디 조각을 기억했다. 카탈루냐 산봉우리 형상을 닮은 투구 기사들. '가보지 못한 다른 세계에는 어떤 존재들이 있을까' 의문을 갖는 것은 인간의 당연한 호기심이다.

가우디 걸작들이 인류 문화사의 한 페이지를 장식한 것은 노스탤지어가 시작이었다. 몬세라토 석회암산 전면의 거대 암반은 그에게 건축적 영감을 불어 넣었다. 파낸 듯한 다양한 동굴 모습, 풍화된 석회암 구멍의 창문 모양 요새 등은 예술의 모티브가 되기에 충분했다. 도시를 지키는 카사밀라 옥상의 인문 조각 군단, 가우디의 이 같은 시도는 바르셀로나 진보 도시계획의 출발이었다.

가우디의 평생 후원자였던 에우세비 구엘Eusebi Güell은 국제적인 방직 산업으로 거대한 부를 축적한 백작이었다. 기념비적인 작품으로 가문을 빛내고 싶었던 구엘은 가우디를 패밀리 건축사로 초빙했다. 그렇게 만들어진 구엘 공원은 세계적인 명소가 되어 스페

○ 구엘 공원

인과 바르셀로나를 빛내고 있다. 이상적인 전원도시 콜로니아 구엘은 세계 사람들이 부러워하는 장소다.

1883년 구엘은 무제한 설계 기간과 예산을 조건으로 가우디에게 성당 공사를 맡겼다. 10년 후 두 개의 본당과 두 개의 첨탑이 어우러지는 독특한 설계도가 준비되었고 착공이 이뤄졌다. 하지만 1914년, 구엘 백작은 고인이 되었고 성당은 지하 예배당만 조성된 미완성으로 남았다. 가우디가 어린 시절 내재시켰던 기하학적 자연 분석 형상은 초기 구엘 건축에도 그대로 도입되었다. 구엘이 떠나고 난 뒤 가우디는 사그라다 파밀리아에 혼신의 힘을 쏟아부었다.

대성당 내부로 들어서니 원시의 빛들이 한꺼번에 쏟아졌다. 기울어진 기둥과 나뭇가지 모양 천장 구조에서 스테인드글라스를 통해 들어오는 햇빛은 신비의 세계로 안내했다. 현대 문명에서 탈출해 신의 정글로 진입한 느낌이랄까. 실내 전체가 숲속인 듯, 신화 속 동물들의 놀이터인 듯 황홀했다. 갖가지 모형 실험으로 얻은 입체와 기하학적 천장 설계, 기둥의 경사도는 혁신적 구조와 새로운 시공 기술에 미학적인 공간감까지 합쳐져 신묘함을 더했다.

자연의 모습을 재현한 유기적 곡선과 형상, 동화 속 상상계의 부활 같은 풍경, 화려한 채색 타일 등은 압도적이었다. 고딕과 바로크, 신고전주의 등 서구 세계의 모든 전통과 인도, 중국의 장식 예술이 한꺼번에 녹아 있었다. 이슬람과 유럽, 일본의 창호 격자 등 코스모폴리탄 건축을 지향한 흔적이 역력했다. 피라미드와 힌두교 사원, 동아시아 선사 등 자연주의 모더니즘, 오리엔탈리즘이 망라되었다. 해외 경험이 없었던 가우디는 모든 구상을 사진으로 응용해냈다.

1909년 바르셀로나 폭동이 시가를 아비규환으로 만들어 40여 개 성당이 파괴됐으나 사그라다 파밀리아는 무사했다. 이를 계기로 가우디는 공사에 더욱 집요하게 몰두하게 되었고, 제1차 세계대전과 스페인 내전의 굴곡 속에서도 달려온 현장은 이제 종점을 향하고 있다.

언덕에서 이를 바라본 가우디는 인생을 건 집요한 건축을 시작했다. 이때부터 말수가 적어졌고 친구도 고객도 돈도 없이 집집마다 후원 요청을 하면서 빈자의 성당을 지향했다. 류머티즘을 앓아 내성적으로 변해갔고 혼자 있기를 좋아했다. 이런 가우디의 집요함은 위대한 건축 유산의 기초가 되었다. 1883년에 시작되어 지금도 이어지는 성당 공사는 개인의 차원을 넘어선 지 오래다. 엄청난 비용과 수많은 건축가들이 참여한, 그야말로 인류의 대역사가 되었다.

일본인 조각가 소토 에츠로는 1978년에 이 공사에 합류했다. 이미 백발노인이 된 소토는 대성당의 파사드 작업을 총괄해왔다. 그는 일본 신교도였지만 깊이 있는 정신을 담아내기 위해 가톨릭으로 개종하면서까지 작업에 몰두했다. 육중한 정문은 그의 손에 완성되어 2022년 설치되었다. 세 개의 대형 파사드는 위대한 걸작으로 평가되고 있다. 석고 틀을 만들어 이베리아반도의 나뭇잎 형상을 정교하게 찍어냈고, 여기에 구리를 부어 7미터 높이의 대형 청동 파사드를 완성시켰다. 전체가 숲속의 식물 군락 같은 문양이다. 내가 수없이 방문하면서 봐왔던 일본의 자연주의 건축과도 상통하는 느낌이다.

예수 수난사를 표현해놓은 성당의 외벽 조각은 카탈루냐 조각가 조셉 마리아 수비라치가 1986년부터 맡았다. 입체 조각 100여 개를 만들어 벽에 붙이는 방식이다. 자연주의와 대치된다는 논란

ⓒ 사그라다 파밀리아, 아직 공사가 진행 중인 모습

도 있었지만 대성당 건축 협의회는 이를 전격 수용했다.

　호주 건축가 마크 버리는 컴퓨터로 가우디의 생각을 최대한 복원했다. 항공기나 선박 설계자들이 함께한 작업이었다. 스페인 내전으로 부서진 1만여 개의 석고 파편들을 끈질기게 이어 붙여 최초의 가우디 성당 모형도를 그려냈다. 삼중 회전면이나 쌍곡선 원형의 가우디 방식이 현실로 나타나는 순간이었다. 첨탑 연결 계단은 천국으로 가는 길이다. 인간이 가슴속에 그리는 유토피아다.

　네 개의 대형 첨탑이 중앙 탑을 감싸는 대성당 외벽은 전체가 한 권의 성경책이었다. 138미터 중앙 첨탑에는 별 모양의 거대한 불빛이 켜질 예정이다. 대형 별은 성스럽고 찬란한 태양을 상징한다. 반대편 하늘에서 바라보아도 황홀한 믿음의 세계를 지향하고 있다. 스페인 내전으로 불타버린 초기 설계도를 복원해 예수 생애 조각으로 외벽을 재현하고 지중해의 동식물 모양을 바탕에 깔아 인간과 자연의 공존을 그렸다.

세계 건축계와 스페인 정부는 2026년 완공을 목표로 정했다. 가우디 서거 100주년이 되는 해이기도 하다. 느리고 장대한 건축 여정 막바지, 최고 172.5미터 예수 그리스도 탑에 별 모양의 찬란한 불빛이 켜지면 화룡점정이다. 가우디 사후 100년 만에 이 별이 하늘을 수놓을 것이다.

황영조가 금메달을 딴 1992년 바르셀로나 올림픽 마라톤 코스, 몬주익 언덕에서 다시 전경을 바라보았다. 주변의 도시 풍경을 모두 거느리고 홀로 솟아오른 성당의 위용은 범접할 수 없는 절대자의 신성한 모습이었다.

인간은 신보다 위대하다. 신은 이야기를 남겼지만 인간은 그 실체에 도전하여 찬란한 유형의 역사를 만들어냈다. 죄 많은 도시 바르셀로나의 반성과 영적 에너지 충전은 신의 이름으로 행해진 인간의 신화 창조였다. 가우디와 구엘 두 남자의 진실한 우정에 후세 사람들이 이어달리기를 자처한 빛나는 공동 위업이다.

가우디는 성당으로 가는 길목에서 전차에 치여 생을 마감했다. 사람들은 길가의 거지로 알고 신고도 하지 않았다. 나중에 병원에 옮겨졌지만 숨진 뒤였다. 스페인 국가 차원에서 애도 기간을 선포하며 성대하게 장례식이 치러진 것은 그나마 다행인 일이었다. 말수 적은 가우디가 생전에 남긴 메모 한 줄은 사그라다 파밀리아의 앞날을 예언한 것이었다. "이 성당은 천천히 자라나지만, 오랫동안 살아남을 운명을 지닌 모든 것은 그래왔다."

치첸 이트사,
피라미드의 우물

멕시코 칸쿤

피라미드는 동틀 무렵에는 분홍빛 광채를 내는 원추처럼 보이지만, 석양빛에는 불타는 듯한 하늘 위의 검은 삼각형으로 변한다.

이집트 기자^{Giza}에서 보았던 피라미드가 멕시코 유카탄반도에 조금은 다른 아담한 모습으로 천년의 세월을 지켜내고 있었다. 마야 후기의 유적지 치첸 이트사^{Chichen Itza}는 유카탄반도의 세계적인 휴양지 칸쿤에서 멀지 않은 거리였다. 로스앤젤레스에서 비행기로 여섯 시간 만에 칸쿤에 도착해 피로를 풀고, 다음 날 아침 일찍 치첸 이트사를 찾았다. 일대의 유적지는 유네스코에 오른 새로운 세계 7대 불가사의다. 석조 신전과 버려진 폐허들이 여기저기 흩어져 있는 벌판으로 매년 200만 명이 찾아오고 있다. 그 시대에 어떻게 이런 도시가 있었는지는 알 수 없는 수수께끼로 남아 있다.

유카탄반도에는 기원전 고대부터 사람이 거주했다. 6~7세기쯤 전성기를 이룬 마야문명은 천문학, 건축학, 수학, 의학 등이 매우 발달했다. 그 때문에 마야의 신전들은 미적인 아름다움이 가득하다. 빛의 방향과 돌의 배치, 층계의 숫자 등이 천문학과 수학적 의미를 담고 있다. 후대의 인류는 이 비밀을 풀어내는 데 오랜 시간이 걸렸다.

치첸 이트사는 유카탄반도에서 초기 마야문명을 주도한 이트사족의 우물 입구를 의미한다. 하늘의 그림자를 담아내는 신성한 우물을 중심으로 문명이 펼쳐졌다. 자연 연못 세노테는 성스러운 샘으로, 기우제 때 어린아이를 산 채로 우물에 던져 인신공양을 하던 장소였다. 세노테의 수직 동굴은 유카탄반도 전역에 산재해 있다.

고대 왕국 마야는 750년과 900년에 걸쳐 치첸 이트사의 토대를 닦았다. 인근의 약수나와 코바를 복속시키면서 900년 이후 빠르게 발전해 11세기 중반에는 강대한 세력을 형성했다. 그러나 이들도 번영은 영원할 수 없다는 역사의 이치를 비껴가지 못했다. 1100년대부터 이어진 내부 분쟁과 가뭄으로 치첸 이트사는 쇠퇴기를 맞았다. 13세기에 떠올라 지금의 멕시코 북부를 평정한 마야판에게 정복당했다는 전설이 전해지는데, 왕족들은 모두 세노테에 던져졌고 간직했던 보물들은 전리품으로 남김없이 약탈되었다는 이야기 역시 전설 속에 남아 있다.

잊힌 마야 영토에 서양 정복자들이 들어온 것은 16세기에 들어서다. 프란시스코 데 몬테호가 스페인 국왕 카를로스 1세에게 탄원을 넣어 유카탄반도 탐험권을 얻어낸 것이 시작이었다. 대항해시대 초기 몬테호의 1차 원정은 신통치 않아, 칸쿤 인근에 조그만 요새를 하나 만든 것이 소득의 전부였다. 1531년에 두 번째 원정을 떠났고 캄페체 지역을 본부로 탐험은 지속되었다.

한참 뒤 몬테호의 아들이 치첸 이트사를 찾아냈다. 처음에는 원주민들이 적대적이지 않았으나, 스페인 정복자들의 토지 약탈에 반발에 나섰다. 초반에 치첸 이트사 정복은 실패로 끝났으나, 몬테호 일가는 결국 유카탄반도 전체를 장악했다.

탐험대가 치첸 이트사 유적을 처음 발견했을 때, 일부 원주민들이 마야 유적에 살고 있었다. 이들이 대대로 살아온 마야 부족이었을 가능성은 낮다. 대부분은 부족들끼리의 살육전과 이합집산으로 멕시코나 남미로 생존의 방랑길에 올랐다. 고고학자들은 지역을 벗어나지 못한 일부가 오랜 세월 정글을 떠돌다가 폐허를 발견하고 다시 터를 잡았을 것으로 추정하고 있다.

치첸 이트사 유적은 한때 소 방목장으로 버려져 별다른 관심을 받지 못하다가 19세기에 들어서 재조명되었다. 외교관이자 고고학자였던 존 로이드 스티븐스의 여행기《중앙아메리카 치아빠스와 유카딴 여행에서 있었던 일》이 출판되면서부터였다. 훗날 유카탄반도의 미국 영사 에드워드 허버트 톰슨이 30년 동안 유적을 발굴했다.

톰슨은 임기를 마치고도 유카탄반도의 최대 도시 메리다에 40년 동안 살면서 스페인어와 유카텍 마야어를 익혔다. 그의 노력으로 고대 신전과 무덤들이 공개되었다. 세노테의 물속에 잠겨 있던 옥과 황금, 많은 유골들이 발굴되었다. 건져낸 귀중한 것들은 하버드대학교 피바디 박물관으로 실어 보냈다.

20세기 들어 카네기재단이 멕시코 정부의 허락을 받아 10년 동안 정밀 발굴 작업을 진행했다. 파견된 고고학자들은 수풀 속에 묻혀 있던 전사들의 신전과 카라콜(천문 관측 건물) 등을 복원해 현재의 모습으로 정리해 나갔다. 멕시코 정부는 1930년대까지 흙 속에 묻혀 있던 많은 유적지를 찾아내 국제사회에 개방했다.

치첸 이트사는 쿠쿨칸 피라미드 신전 엘 카스티요가 중심이다. 쿠쿨칸은 마야의 깃털이 달린 뱀 신이다. 춘분과 추분 무렵에는 피라미드 계단에 뱀이 내려오는 것처럼 보이는 그림자가 생겨서 붙은 이름이다. 계단식 피라미드는 3미터 높이에 9층 테라스로 건축되었다. 4면에 91개 계단을 모두 합한 숫자에 피라미드 꼭대기 신전을 하나로 생각해 더하면 365가 된다. 태양의 움직임을 관찰해 1년을 정했고 20진법을 사용했다. 숫자 0의 개념을 자리 값 기호로 가장 이른 시기에 이해하고 사용한 문명 가운데 마야문명이 꼽힌다.

피라미드의 가파른 층계를 힘겹게 올라 꼭대기에 섰다. 전사의 신전은 태양신에게 재앙을 막아달라며 인간의 심장과 피를 제물로 바치던 제단이다. 살아 있는 제물을 직접 바치는 것은 신들을

◠ 마야문명의 지혜를 엿볼 수 있는 엘 카스티요

기쁘게 하는 최선의 방법이었다. 이 때문에 식지 않은 인간의 피가 필요했다. 전쟁에서 잡혀온 상대측 장수나 귀족, 왕족들의 심장을 도려내 제물로 올렸다. 신성한 가치가 떨어진다는 이유로 목숨을 건진 병졸 포로들은 노예가 되었다.

피라미드를 중심으로 사면이 탁 트인 지형은 모든 것들을 한눈에 넣기에 충분했다. 평원은 과거 속에 갇혀 지난날들의 영광을 반추하는 듯했다. 깨진 돌조각 몇 개가 아직도 풀밭에 남아 있고 그 사이로 오후의 햇빛이 강렬하게 스며들었다. 미지의 세계였던 천기를 관찰하고 동서남북에서 다가오는 적들의 공격을 미리 파악하기에는 최고의 위치였을 것이다. 나는 피라미드 위에서 한동안 마야의 지평선을 바라보았다.

촘판틀리는 신에게 바친 이들의 모습을 그려놓은 해골 제단이다. 마야의 전통 명칭보다 정복자 스페인의 언어가 덧칠해진 것은 어쩔 수 없는 아쉬움이다. 오사리오와 카사 콜로라다는 보존 상태가 좋았다. 내부의 방 하나에는 복잡한 상형문자들이 빼곡하게 새겨져 있었다. 이곳을 다스렸던 군주들의 이름이 먼 곳에서 찾아온 나그네를 맞이하고 있었다.

돔을 올린 중앙 탑의 원형 디자인과 나선형 계단은 달팽이라는 뜻의 카라콜이라고 이름 지어졌다. 마야인들은 별을 보고 추수할 시간과 제사 일정을 정했고, 햇살의 각도가 출입문에 부딪혀 드리워지는 그림자로 동지와 하지를 알아냈다. 완전히 다른 대륙에 살았던 우리의 해시계나 물시계 원리와 비슷하다. 인류는 시대와 지역을 막론하고 태양에 순응하는 지혜로운 삶을 선택했다는 증거다.

잉카를 능가했다고도 알려진 마야문명은 이제 시간 속으로 스러져가고 있었다. 세월을 감당하기에 역사는 너무나 짧고 허무하다. 매콤한 멕시코 미식 타코 샐러드를 맛있게 만들어 주던 식당주인의 눈빛은 살아 있었다. "치첸 이트사는 멕시코의 뱅크다. 이곳이 무너지면 이 나라 경제가 문제된다. 너무나 고마운 관광 보물이다."

⊂ 해골이 조각된 촘판틀리

칸쿤의 태양은 뜨거웠다. 해안으로 멕시코만이 곡선을 그리는 푸른 바닷가 눈부신 백사장에는 언제나 한여름의 축제 열기로 가득하다. 중미 최고의 휴양지인 이곳은 미국과 유럽 부호들의 단골 방문지다. 나는 며칠 동안 칸쿤에 머물렀다. 칸쿤은 마야어로 '뱀 소굴'이다. 우리 식으로 뱀골인 셈이다. 100여 명의 어부들이 살던 작은 해안이 멕시코의 휴양지 마스터플랜으로 연간 350만 명이 찾는 지구촌 최대의 명소가 되었다. 150개의 호텔과 400여 개의 레스토랑에서 행사와 축제가 연중 계속된다. 멕시코 국내총생산의 8퍼센트가 이곳의 관광 수입이다.

밤의 유카탄반도는 거짓말 같은 어둠 속으로 완전히 잠겼다. 적막한 고요 속 바닷가 창공에는 별빛이 가득했다. 마야인들이 신성처럼 받들었던 샛별도 보였다. 메소아메리카의 중심지 마야는 샛별 문화였다. 치첸 이트사 피라미드 관찰 대상 중에는 샛별이 항상 우선이었다. 부족들은 찬란한 샛별처럼 용감한 장수가 되고자 했다.

마야인들은 이른 아침 해를 맞이하는 제단에서 예를 갖추고 하루를 시작했다. 피라미드를 따라 내려오는 태양의 그림자를 주시했다. 마치 뱀을 닮은 그림자 쿠쿨칸을 왕들의 문양과 전통으로 삼았다. 그러나 6600만 년 전 어느 날, 지름 10킬로미터 안팎의 거대 소행성이 이곳 유카탄반도에 충돌했다. 이때 공룡이 멸종하고 백악기가 종말을 고했다. 이후 세상의 모든 것이 바뀌었다. 어쩌면 지구의 운명을 따라 마야인들의 문명이 피었다가 졌는지도 모를 일이다.

3부

음악으로 걷다

인생이란 문틈을 통해 쏜살같이 달려가는
백마의 모습을 보는 것처럼 삽시간에 지나간다.

_ 장자

〈서머 타임〉
재즈에 실려

미국 뉴올리언스

⊂ 뉴올리언스의 끝없는 지평선

뉴올리언스의 지평선은 끝이 보이지 않았다. 하늘과 땅이 만나는 종점에서 내 시선은 더 나아가지 못했고, 경계를 가늠할 수 없는 그곳은 도리어 새로운 시작처럼 다가왔다.

뉴올리언스는 미국 남부의 끝자락에 놓여 있다. 동쪽으로 미시시피와 앨라배마, 서쪽으로 텍사스가 맞닿아 있고, 북쪽으로는 아칸소와 오클라호마가 이어지며, 남쪽에는 광활한 멕시코만이 펼쳐진다. 그리고 이 도시의 중심에는 미시시피강이 흐른다.

아메리카 대륙을 종단하는 미시시피강은 하절기마다 막대한 토사를 싣고 내려와 뉴올리언스 일대를 옥토로 빚어냈다. 이곳이 미시시피강 하구의 삼각주로 불리는 이유다. 그렇게 물이 만든 평원은 삶의 터전이 되었지만, 동시에 불안의 무대이기도 했다. 멕시코만의 악명 높은 허리케인이 수시로 이 땅을 덮쳤기 때문이다.

그럼에도 이 도시는 음악으로 버텼다. 뉴올리언스에 도착하자 쉬지 않고 재즈가 들려왔다. 그 아름다운 선율은 감정을 잔잔하게 일으켜 세웠다가 어느 순간 차분하게 마음을 다독여주곤 했다. 뉴올리언스라는 지명만 들어도 설레던 젊은 날을 지나 마침내 재즈의 고향에 당도했으니 떠나는 날까지 재즈를 집요하게 듣겠다고 스스로에게 약속했다.

〈서머 타임〉은 들을 때마다 새롭고, 다시 입맛이 돋는 인생의 밥 같은 노래다. 수많은 버전 가운데 내가 압권으로 꼽는 건 마할리아 잭슨Mahalia Jackson의 목소리다. 두툼하다 못해 걸쭉한 음색은 세파世波에 지친 영혼을 보듬는 포근한 솜이불 같다. 그 목소리 하나로 나는 오래전부터 뉴올리언스를 그리워했다. 그리고 마침내, 이글거리는 뉴올리언스 도심 한복판에서 불후의 재즈 〈서머 타임〉을 반복해 틀어놓았다. 한 곡의 노래가 한 도시를 부르는 순간이 정말로 존재한다는 걸 그때 알았다.

마할리아 잭슨은 노예의 손녀로 태어나, 가난과 학대 속에서 정규교육은 꿈도 꾸지 못했다. 가정부, 세탁부, 식당 보조, 청소부 일을 전전하면서도 주말 성가대만은 유일한 행복으로 붙들었다. 그러던 어느 날 장례식장에서 그녀의 노래를 들은 레코드 회사 임원이 손을 내밀었고, 그녀는 가수가 되어 가스펠의 전설로 남았다. 비록 악보는 읽지 못했지만, 들을수록 가슴이 저려오고 부드러움이 영혼을 어루만지는 듯한 목소리가 사람들을 감동시키는 데 오랜 시간이 걸리지 않았다. 나는 오래전부터 그 목소리가 태어난 땅의 공기를 눈앞에서 확인하고 싶었다.

햇빛이 꺾이는 오후를 틈타 프렌치 쿼터의 잭슨 스퀘어로 발길을 옮겼다. 버번 스트리트로 들어서자 이미 작은 거리 공연들이 곳곳에서 피어오르고 있었다. 그 골목 안쪽에는 재즈의 성지라 불리는 프리저베이션 홀이 있다. 재즈의 거장 루이 암스트롱이 무명 시절 이곳을 거쳐 간 이후, 프리저베이션 홀은 남부 재즈의 성소로 대접받고 있다. 허름한 공연장에는 40여 명이 어깨를 부딪치며 앉아 부채질을 했고, 벽에는 지나간 시절의 흑인 재즈 가수들 얼굴이 그려져 있었다. 낡은 초상들은 오래된 전설처럼 희미하게 어른거렸다. 삐그덕거리는 마룻바닥은 뉴욕이나 도쿄 뒷골목의 재즈 바

⌐ 프리저베이션홀의 연주자들

와 다르지 않았다.

피아노, 콘트라베이스, 클라리넷, 트롬본, 색소폰, 트럼펫, 드럼
이 어우러져 감미로움과 슬픔, 한이 서린 선율을 자유롭게 오가며
무대를 채웠다. 재즈가 보여줄 수 있는 다양함이 선명하게 와닿았
다. 〈로스트 마이 드림〉에서는 어린 딸의 죽음 앞에 흐느끼는 아
버지의 심정이 떨리는 목소리를 타고 올라오는 듯했다. 여섯 곡이
어떻게 시작되고 끝났는지 모를 만큼, 짧은 시간은 사치처럼 스쳐
지나갔다.

콘트라베이스는 두툼한 체격 그대로 소리를 밀어 올렸고, 드럼
은 모든 연주를 받쳐주었다. 합주와 개인 연주가 번갈아 이어지다
가 다시 노래로 돌아왔고, 마지막에는 넘치는 리듬감이 박수를 불

러냈다. 각자의 인생과 서로 다른 인종이 만들어내는 하모니 속에서 또 한 밤이 흘러갔다.

즉흥이 살아 있는 재즈는 자유로움이 힘이다. 마할리아 잭슨이 지루해질 때면 나는 네덜란드 재즈 가수 카로 에메랄드를 찾아 들었다. 그녀는 암스테르담의 밤을 달구는 재즈의 아이콘으로 이미 정상 반열에 올라 있다. 포틀랜드의 재즈 밴드 핑크 마티니와 스톰 라지의 에너지 넘치는 재즈곡 〈아마도 미오〉까지 들으면 급하게 와인 한 잔을 목울대에 적셔야 감정이 진화되곤 했다.

모진 고난과 인생의 비애를 넘어선 노래, 재즈에는 한의 강렬함이 묻어 있다. 아일랜드의 〈대니 보이〉나 포르투갈의 파두를 들을 때처럼 기쁨과 슬픔이 한 음계 안에서 함께 흔들린다. 인생은 본래 슬프고, 남의 지배와 압제를 당하면 더욱 슬프다. 축축한 습기처럼 의식의 밑바닥에 가라앉아 있던 내면이 문화라는 형태로 빚어져 우리 앞에 나타날 때, 사람들은 감동을 느낀다.

그 감동은 내게도 예외가 아니었다. 뉴올리언스에서 나는 어린 시절 내내 바라던 지평선과 마주했고, 좋아하던 재즈 가수의 목소리가 늘 가리키던 곳에 마침내 당도했다. 어른이 된다는 건, 어린 시절 꿈길이 뻗어간 곳까지 가보고 상상과 현실이 어떻게 다른지 확인하는 일인지도 모른다. 그렇다면 나는 아직 어른이 되지 못했다. 세상에는 여전히 내 마음을 흔드는 낯선 땅이 너무 많기 때문이다. 그리고 뉴올리언스의 재즈와 미시시피 강변의 풍경만큼은 오래토록 잊지 못하리라는 걸, 나는 이미 알고 있었다.

드보르자크의
〈아메리칸〉

체코 프라하

교향곡 9번 〈신세계로부터〉로 잘 알려진 작곡가 안토닌 드보르자크^Antonín Dvořák^는 기차를 사랑했다. 어린 시절 그는 프라하 근교에 막 깔리기 시작한 철길로 나가 놀며, 그 위로 증기기관차가 내달리는 모습에 매료되었다. 어른이 되어서도 틈만 나면 기차역에 들러 노선과 시간표를 외우며 기관사들과 대화를 나눴다. 나이가 들어서는 사위에게 지나가는 기차의 엔진 번호를 기록해달라고 부탁할 정도였다. 당시로서는 신세계였던 미국으로 건너간 뒤에도, 기차역을 찾아가는 일은 그의 변치 않는 취미였다.

드보르자크만큼 소리에 집중한 또 다른 인물, 시미언 피즈 체니^Simeon Pease Cheney^는 음악학자이자 침례교회 사제였다. 그는 새소리를 비롯한 온갖 자연의 소리를 기록하고 기보한 책 《야생 숲의 노트》를 남겼다. 체니 사제는 뉴욕 제너시오의 외딴 사제관에서 살다 세상을 떠났다. 멀리 기차가 지나가고 나면, 그는 성당 마당에 나와 습관처럼 새소리에 귀를 기울였다. 잊힐 뻔했던 그의 기록은 딸 로즈먼드가 사비로 출간한 유고집으로 남았다.

체니와 비슷한 시대를 살았던 드보르자크는 뉴욕에서 우연히 이 유고집을 읽고 감동을 받았다. 드보르자크는 향수를 달래려 아이오와의 체코 이민자 마을을 자주 찾았고, 여름휴가를 보내던 어느 날 고향 보헤미아를 닮은 작은 산촌에서 멜로디를 흥얼거리며 작곡에 몰두했다. 체니의 마음을 빌려 써내려간 명곡, 현악 4중주 12번 〈아메리칸〉은 그렇게 짧은 시간에 완성되었다.

그리고 1982년, 보스턴의 한 도서관에서 발견된 사제의 기보를 바탕으로 프랑스 작가 파스칼 키냐르Pascal Quignard는 《우리가 사랑했던 정원에서》를 집필했다. 우연히 이 작품을 읽은 나는 가슴이 뛰어 한동안 프라하를 가야겠다는 생각뿐이었다. 드보르자크와 체니, 키냐르 세 남자의 우연과 인연을 떠올리는 일은 고단한 일상 속 작은 즐거움이었다. 음악 축제가 열리던 봄, 나는 결국 프라하로 날아갔다.

체코에서 내가 가장 먼저 찾은 곳은 루돌피눔이었다. 루돌피눔은 1884년 완공된 체코 프라하의 신 르네상스 양식으로 지어진 음악당이다. 웅장하지 않되 격조가 넘친다. 다뉴브 강변에 세워진 이 건물은 개관 당시 참석한 합스부르크 왕가의 황태자 이름을 따 루돌피눔이 되었다. 하지만 사람들은 이곳을 드보르자크 뮤직홀로 기

억하고 있다.

　음악당 앞 광장에는 '체코 음악의 아버지' 드보르자크의 동상이 우뚝 서 있고, 지붕 난간에는 체코와 오스트리아, 독일 출신 음악가들의 조각상이 일렬로 장식되어 있다. 드보르자크는 파격적인 연봉을 제안받아 미국으로 건너갔지만, 지치고 힘들 때마다 고향 보헤미아의 들판과 숲을 떠올렸다. 주말이면 좋아하는 기차를 타고 체코 이민자들이 모여 사는 마을을 찾아가기도 했다.

　드보르자크 뮤직홀에서는 그의 작품들이 연주되고 있었다. 피아노 곡이 지나가고 이어진 〈아메리칸〉의 선율이 음악당을 채웠다. 우수 어린 첼로는 마음과 정신의 경계를 관통하는 화살 같았다. 숲속을 스치는 시원한 바람과 나뭇잎이 흔들리며 내는 소리, 지평선과 강이 나란히 걷는 듯한 평화로운 전원 풍경이 그 안에 가득 담겨 있었다.

드보르자크의 선율에는 흑인영가나 아메리카 원주민 음악의 정서가 어렴풋이 묻어난다. 그가 인디언 음악과 흑인영가의 5음계 음률에서 영감을 발췌해 담았기 때문이다. 그래서 이 곡은 미국의 정취가 살아 있는 특별한 음악이기도 하다. 낯선 대륙에서 향수를 달래며 길어 올린 이방인들의 소리와 정서를, 그는 한자리에 고요히 녹여냈다. 연주를 따라 눈을 감으면 보헤미아의 산과 들판이 스쳐 가고, 낯선 땅 미국에서의 고독이 짙게 배어난다.

보헤미아는 사방이 산맥으로 둘러싸인 마름모꼴의 분지다. 엘베강과 다뉴브강 사이의 지평선에서 피어오른 생명들은 역사를 유랑하는 보헤미안의 정서로 세계인들을 울렸다. 나는 특히 드보르자크의 〈보헤미아의 숲으로부터〉와 〈어머니가 가르쳐주신 노래들〉을 사랑한다. 〈보헤미아의 숲으로부터〉에서 들리는 첼로 1번 현의 소리, 잔잔한 비브라토가 만들어내는 깊은 맛은 울창하고 고요한 녹원을 마차로 가로지르는 느낌을 준다. 첼리스트 자클린 뒤 프레의 연주라면 더없이 호사였다. 나는 하늘을 배경으로 낙엽이 흩날리기 시작할 때 이 노래를 즐기곤 한다.

드보르자크는 프라하 북부 다뉴 강변의 작은 마을에서 태어났다. 부친은 가업인 정육점을 이으라고 했지만, 그는 음악 선배 베드르지흐 스메타나를 따라 체코 국민음악 운동으로 인생의 방향을 정했다. 이후 오스트리아 정부 장학금 시험을 거쳐 요하네스 브람스의 눈에 들었고, 그가 추천한 〈슬라브 춤곡〉은 드보르자크를 세계에 알리는 계기가 되었다. 1892년, 51세의 나이에 미국 국립음악원의 초청으로 조국을 떠난 드보르자크는 〈신세계로부터〉로 대성공을 거뒀다. 인종을 가리지 않고 흑인영가와 재즈, 블루스, 아메리카 원주민 음악까지 폭넓게 받아들인 결과였다.

체니가 기록하던 새소리들은 훗날 드보르자크의 협주곡으로 되살아났고, 한 세기가 지난 뒤에는 키냐르의 명저로 영원히 남게 되었다. 키냐르의 소설《우리가 사랑했던 정원에서》에는 새소리와 새 이름 외우기를 좋아했던 한 남자의 인생이 잔잔하게 녹아 있다.

체니는 함께 풀을 뽑고 화초를 가꾸던 아내가 지병으로 젊은 나이에 세상을 떠나자, 어린 딸의 이름을 로즈먼드에서 아내의 이름 에바로 바꿔 부르며 지순한 사랑을 고집했다. 에바의 정원을 가꾸던 시간이 지나고, 체니의 정원이 이어졌으며, 다시 로즈먼드의 정원이 시작된다. 대지의 강물이 이름을 바꾸며 흐르듯 시간과 인생은 그렇게 겹겹이 쌓여 역사가 되었다. 모든 이의 삶 또한 그러할 것이다.《우리가 사랑했던 정원에서》는 마치 소설과 희곡의 중간 어딘가에 놓인 이야기로, 체니와 로즈먼드, 죽은 아내 에바를 둘러싼 초혼극 같은 소설이다. 키냐르는 출간 즉시 프랑스의 문학과 음악상을 수상했고 이어 프랑스 최고 권위의 문학상인 공쿠르상을 수상했다.

추상파 화가 마크 로스코의 화폭에 칠해진 어둠 같은 시간이 지나가고 그 자리에 무지개가 떠오르는 느낌이다. 외로움과 고통 다음에 찾아오는 기원의 새소리들이 이어진다. 마침내 음악이 멀어지고 깃드는 평화와 고요, 그리고는 침묵이다. 21세기 들어 작곡가 올리비아 메시앙은 새소리를 지구상 최고의 음악이라고 적기도 했다.

나무를 스치는 바람 소리, 창문을 두드리는 빗방울 소리, 지저귀는 새들의 소리는 체니 사제가 죽은 아내를 그리워하는 언어로 간직되었다. "생명이 없는 사물에게도 그들만의 음악이 있다. 수도 꼭지에서 반쯤 찬 양동이 속으로 똑똑 떨어지는 물소리에 귀 기울여 보시라." 사제 시미언 피즈 체니의 기보 마지막 대목에서 눈물이 핑 돌았다. 인생에서 고독과 슬픔은 불행이 아니라, 인간의 내면세계를 정화시키는 필연적이고 아름다운 동반자이리라.

페어몬트 피스 호텔의
올드 재즈 밴드

중국 상하이

담배 연기를 가르는 선율에는 구슬픈 역사가 물씬 담겨 있었다. 근대화의 소용돌이 속에서, 서구 열강에 내어준 땅으로 흘러든 신식 악기들은 어둠 속에서 피어나는 들꽃처럼 뒤섞였다. 조계지에 번진 서양의 물결은 낯설고 어색했고, 상하이는 밤마다 나른한 재즈로 흥청거리며 눈물 어린 시간을 쌓아왔다.

그 시대의 중심 무대 가운데 하나가 페어몬트 피스 호텔의 재즈바다. 중국인들은 이곳을 피스 호텔로 기억한다. 황푸강 부둣가에 세워진 이 고급 호텔은 유대인 사업가 빅터 사순이 지은 건물에서 출발했고, 훗날 페어몬트 피스 호텔로 재탄생했다.

피스 호텔의 백미는 올드 재즈 밴드의 공연이다. 아흔을 바라보는 연주자들이 밤마다 무대에 올라 상하이가 지나온 격변의 시간

⊂ 페어몬트 피스 호텔

을 한 곡 한 곡에 겹쳐놓았다. 그들의 음악 인생이 시작된 1940년 대는 전쟁의 불안이 일상을 잠식하던 시절이었다. 조계지의 그림 자가 도시 곳곳에 남아 있어 외국인들에게 치외법권이 허용되던 구역도 존재했다. 상하이는 그 균열 위에서 번영과 상처를 동시에 키워왔다.

올드 재즈 밴드 멤버들의 나이를 합치면 400세가 넘는다. 현존 하는 최고령 재즈 악단이라 불러도 무리가 없다. 맏형인 아흔 살의 진스펑을 비롯해 여든두 살의 피아니스트, 여든 살의 트럼펫, 여든 네 살의 드러머, 여든다섯 살의 베이스까지 '400세 재즈단'은 아 직 건재했다.

노령의 재즈맨들은 오늘 밤도 음악에 취해 와이탄을 뜨겁게 달 궜다. 강 건너 푸동의 찬란한 네온과는 대조적인 풍경이었다. 맞은 편의 동방명주와 세계금융센터는 중국 굴기의 상징처럼 번쩍였고, 재즈의 슬픈 선율은 그 빛의 반대편에서 끝없이 흘렀다. 자정이 가 까워자 밴드는 〈천애가녀〉로 먼저 사람들의 귀를 사로잡았다. 장 아이링의 소설을 바탕으로 한 영화 《색, 계》에서 남자 주인공 양조 위에게 마음을 빼앗긴 여인 탕웨이가 다다미방 주점에서 부르는 노래다. 전란을 피해 도피하는 연인들의 애잔함을 담고 있어 중국 인들에게는 애창곡으로 오래 사랑을 받아왔다.

곧이어 국민가수 등려군鄧麗君의 〈월량대표아적심〉이 흘러나오 더니, 이내 탱고로, 그리고 다시 칸초네로 요동쳤다. 밤은 깊어가 는데 빈자리는 좀처럼 나지 않았다. 정확히 표현하자면 초저녁부터 들어와 앉아 있던 관객들이 떠날 줄을 몰랐다. 클럽 밖에서 서성거리며 자리를 기다리는 사람들마저 박수갈채에 동참했다.

연주의 백미는 진스펑의 솜씨였다. 그 나이면 호흡이나 테크닉이 무너질 법도 한데, 그는 벌써 두 시간 째 쉬지 않고 연주를 이어가고 있었다. 그 모습을 바라보다 몇 년 전 프라하의 드보르자크 뮤직홀에서 만났던 피아니스트 이반 모라베츠가 생각났다. 체코의 영웅으로 대접받는 노인은 제자 둘의 부축을 받으며 무대로 등장했지만, 피아노 앞에 앉는 순간부터는 40분짜리 쇼팽 곡을 완벽하게 요리해냈다. 연륜과 삶의 깊이가 묻어나는 연주였다.

진스펑의 연주가 끝날 때마다 기립박수가 이어졌다. 나도 무대로 나가 감사의 마음을 표하며 그의 손을 잡았다. 온기가 빠져나간 듯한 힘없는 노인의 손이었다. 그 손으로 이런 연주가 가능하다니 경이로웠다. 흥분을 감추지 못한 채 자리로 돌아가 앉자마자 후반 세션이 시작되었고, '재즈의 신'으로 추앙받는 쳇 베이커의 〈마이 퍼니 밸런타인〉으로 다시 막이 올랐다.

시대는 이 도시에 아픈 역사를 안겨주고 갔다. 19세기까지만 해도 작은 어항에 불과했던 상하이는 강제 개방의 풍랑 속에서 열강의 무대로 재편되었다. 거부할 수 없는 세력들은 이곳을 아시아 대표 도시로 만들었고, 1930년대에 이미 거대한 인구가 몰려들었다. 1932년 제1차 상하이 사변 이후에는 유럽 열강에 이어 일본군까지 와이탄에 진출했다. 황푸강 전면에 늘어선 아르데코 양식의 건물들은 그 시절의 흔적을 담고 있다. 파리와 뉴욕, 베를린, 상트 페테르부르크의 모양새를 이 도시에 옮겨 심어놓은 듯하다.

세상은 대체로 따분하고 지루한 일상의 연속이다. 그 속에서 보석 같은 생각과 추억을 만드는 일은 역시 재즈나 예술의 몫이고, 그것을 이어가려는 사람들의 노력은 숭고하다. 진스펑 같은 올드 재즈 음악인들은 우리 영혼 한쪽에서 언제까지나 죽지 않고 남아 있을 것이다. 다만 시간이 조금 더 흐르면 그들의 연주를 직접 마주하기는 어려워지지 않을까. 하지만 이들이 떠난 뒤에도 누군가는 다시 피스 호텔의 밤을 밝힐 것이고, 그렇게 세월은 흘러가고 있다.

백구과극白駒過隙, 인생이란 문틈을 통해 쏜살같이 달려가는 백마의 모습을 보는 것처럼 삽시간에 지나간다.

– 장자

파두에 흔들리는
영혼들

포르투갈 리스본

바다가 문제였다. 이베리아반도의 포르투갈 사람들에게 리스본 서쪽 대서양은 언제나 미지의 세계였다. 처음엔 물고기를 잡으러 나갔다가, 나중에는 기회를 잡으러 세상의 끝까지 건너간 사람들의 이야기가 유난히 많다. 해안 마을마다 새겨진 사연들이 곧 이들의 역사다. 사내들은 물길을 헤치며 전진했고 남겨진 여인들은 기다림이 인생이었다. 바다는 이들에게 영광과 환희를 안겨주었지만, 동시에 많은 대가를 치러야 했다.

갖가지 사연을 안고 떠난 사람들을 그리워하는 마음, 바다에서 돌아오지 않는 이들을 기다리며 한숨처럼 내뱉던 멜로디가 오늘날 세계적으로 알려진 리스본의 파두^{Fado}다. 파두는 노래라기보다 말 그대로 이들의 '운명'이고 '숙명'이었다. 다시는 만나지 못할

⊏ 노래하는 아말리아 로드리게스의 모습

것을 알면서도 끝내 놓지 못하는 그리움. 그것은 우리의 한과도 가깝게 닿아 있다. 한국인들이 이 음악에 정서적으로 수평 교감을 느끼는 이유도 그 때문일 것이다. 파두는 포르투갈로 밀려든 브라질 출신 이주민들과 북아프리카 무어인의 그림자가 드리운 뒷골목에서 자라난 선율이기도 했다.

항구의 허름한 술집에서 흥얼거리던 파두는 1950년대, 가수 아말리아 로드리게스Amalia Rodrigues를 통해 세계 음악으로 우뚝 섰다. 그녀가 부른 〈검은 돛배〉는 쓸쓸함과 애잔함의 결정체다. 그녀가 프랑스 영화 《과거를 가진 애정》에서 블랙 숄을 두른 채 심장을 쥐어짜는 듯한 창법으로 불러낸 이 노래는 포르투갈 음악을 외부 세계에 알리는 신호탄이 되었다.

아말리아 로드리게스는 선술집에서 트럼펫 연주로 끼니를 잇던 가난한 아버지 밑에서 태어났다. 정식으로 음악 교육도 받지 못했지만, 열아홉 살 무렵부터 부른 그녀만의 독특한 파두는 고달픈 리스본 하층민들의 인생을 달래주는 찬송가처럼 무섭게 번져나갔다. 한국전쟁이 한창이던 시기, 그녀는 영국과 프랑스, 브라질 등지로 활동 무대를 넓히며 수많은 미디어를 달궜고, 마침내 세계적인 스타의 반열에 올랐다.

1999년, 포르투갈의 문학가 주제 사라마구 Jose Saramago 가 최초로 노벨문학상을 받던 해에 그녀는 세상을 떠났다. 아름다운 리듬과 슬픈 음색을 지닌 로드리게스는 생전에 170여 곡의 주옥같은 파두를 남겼다. 그리고 그해 10월 초, 국민 가수의 장례는 사흘 동안 국장으로 엄수되었다. 운구 행렬에는 〈어두운 운명〉, 〈잘못된 계산〉, 〈슬픈 운명〉, 〈차가운 햇살〉, 〈리스본의 하루〉 같은 히트곡들이 쉼 없이 울려퍼졌다.

리스본에 도착한 날, 나는 파두가 절정에 달했던 시절의 숨결을 간직한 옛 시가지를 찾아 나섰다. 대서양과 이어지는 코메르시우 광장은 다운타운 방향의 골목들을 방사형으로 끌어안고 있었다. 그곳에서 오래된 호텔 산타 후스타의 로비에 들렀을 때, 나는 우연처럼 〈검은 돛배〉를 만났다. 박수와 앵콜이 이어지는 가운데, 중년을 훌쩍 넘긴 가수는 리스본의 두 줄 현악기 기따라 소리에 맞춰

⊏ 파두 박물관

슬픈 멜로디를 허공으로 날려보냈다. 애간장을 녹이다 못해 오장을 쥐어짜듯 고통을 토해내는 창법은, 나를 그 자리에서 한 발짝도 움직이지 못하게 묶어두었다. 뱉어내는 숨소리 하나하나가 가슴을 아리게 두드리는 듯했다.

아말리아가 살았던 집에는 아직도 무심한 꽃들이 베란다에 걸려 있었다. 주인은 떠났지만, 그녀의 노래는 남아 계절이 오면 피고 지는 꽃잎처럼 세상에 너울거렸다. 또한 아말리아 전성기와 시간을 나란히 했던 100여 명의 파두 가수들은 리스본 파두 박물관에 모여 있었다. 바다와 맺어진 운명을 상징하듯 그들은 선착장 근처의 낮은 3층짜리 박물관에서 오가는 이들을 맞이했다.

2층에는 내 청년 시절을 적셨던 파두 가수 베빈다Bevinda의 젊은 날 모습이 사진으로 남아 있었다. 그녀는 양희은의 노래 〈사랑, 그 쓸쓸함에 대하여〉를 번안한 〈이제 됐어요〉로 한국에서도 유명세를 얻었다. 내게는 젊은 날을 위한 진혼곡에 가까운 노래였다. 그 노래를 흥얼거리며 박물관을 계속 둘러보았다. 파두 박물관은 개관한 지 20년 밖에 되지 않은 곳이었음에도 전 세계에서 찾아오는 파두 애호가들의 진지한 눈빛으로 가득했다. 끓어오르는 파두 선율과 지상에 수직으로 꽂히는 태양이 묘한 감정을 더 진하게 고조시키고 있다.

파두 박물관 뒤편 대서양이 내려다보이는 언덕에서 오후를 보냈다. 건너편 등성이에는 주황색 지붕들이 불규칙한 도형을 이루고, 흰색 회벽이 수채화의 마침표를 찍는 듯했다. 맥주 한 잔을 든 채 시인 최형태의 《어느 무명 파두 가수의 노래》를 기억하며 아말리아 로드리게스에게 작별 인사를 건넸다.

아시아의 가희,
등려군

태국 치앙마이

《첨밀밀》은 홍콩 영화 가운데서도 영상미가 아름답기로 손꼽히는 작품이다. 여명과 장만옥이 이끄는 화면 위로 가수 등려군이 불을 붙였고, 멜로디만 들어도 달콤한 냄새가 풍기는 듯한 음성은 영화의 하이라이트로 남았다. 주제곡 〈첨밀밀〉은 등려군의 대표곡이기도 하니 한 곡의 노래가 영화를 만나 더 빛난 수작이라 해도 과언이 아니다.

등려군은 자국을 넘어 아시아의 대표 가수로 기억된다. 그녀의 노래가 특별한 건 한 지역의 정서에만 갇히지 않기 때문이다. 중화권의 결이 있으면서도 동남아시아의 습한 공기와도 잘 섞인다. 그러나 등려군이 오래전부터 동시대인들의 사랑을 받아온 이유는 노래만이 아니었다. 연예인이기 이전에 인간적으로 특별한 매력을 높이 평가하는 대중들도 많았다. 그녀는 세상의 그늘에 던져진 이들의 손을 따뜻하게 잡아주었으며, 관심이 필요한 사람들을 외면하지 않았다. 유명해지면 교만해지는 게 세상의 인심이니 그녀의 행보는 드문 일이라 평가받았고, 그녀를 향한 갈채는 오래 지속되었다.

그녀의 흔적을 따라 간 태국 치앙마이 매핑 호텔은 아직도 성업 중이었다. 등려군이 이승을 떠나면서 마지막으로 머물렀던 곳이다. 그녀는 대만보다 공기가 좋은 곳으로 요양왔던 객실에서 천식으로 숨을 거뒀다. 동행했던 남자친구가 외출한 사이 벌어진 일이었다. 한때 그녀의 노래를 따라 부르고 가사를 외우던 나는 오래전부터 이곳이 궁금했다.

호텔에 들어서자 등려군의 대표곡들이 은은하게 울려 퍼졌다. 그중 호평을 받았던 명곡 〈야래향〉이 낮은 연주음으로 반복되었다. 로비에는 그녀의 전성기 사진이 세워져 있었고, 등려군 애프터눈 티 코스가 마련되어 눈길을 끌었다. 그렇게 아시아의 가희歌姬가 숨을 거둔 호텔은 아직도 정중한 추모의 예를 갖추고 있었다.

그녀의 유해는 특별기편으로 운구되어 타이페이에서 성대한 장례식으로 엄수되었다. 지금도 제단에는 수많은 팬들이 찾아와, 저 하늘로 떠나버린 그녀가 외롭지 않도록 사계절 내내 장미를 두었다. 그녀가 묻힌 묘지 뒤로 진바오산이 둘러서 있고 앞으로는 조각 공원과 측면 대나무 숲 사이로 멀리 태평양이 내려다보였다. 묘역에는 언제나 노래가 흘렀다. 50평 묘지를 1원에 기부한 땅 주인

"筠園" ©Wei-Te Wong (CC BY-SA 2.0, Edited)

◠ 등려군 동상

은 생전의 착한 등려군 성품을 닮고 싶었다고 고백했다. 설명이 필요하지 않은 사랑이었다. 등려군 기념 공원은 이렇게 아름다운 인연들로 만들어졌다.

치앙마이의 하늘은 맑았다. 지구 북쪽 일대가 겨울 추위에 갇혀 있을 때 이곳은 적당한 기온이 유지되는 선선한 가을 날씨다. 공해 없이 고산지대에서 만들어지는 천혜의 공기가 최고의 매력이고, 중국과 미얀마, 태국을 국경으로 형성되는 트라이앵글 지역의 깊은 숲은 하늘이 내려준 선물이다. 유럽과 아시아에서 꾸준히 인파가 몰리는 이유다. 도이 수텝 등 수많은 불교 사원은 유네스코가 인정하는 치앙마이의 자랑이다.

등려군은 치앙마이의 순박한 인심을 좋아했다. 태국의 두 번째 도시지만 높은 빌딩도 드물고 소비 지수가 낮은 편이다. 지나친 화려함이나 인공적으로 만들어진 복잡함을 찾기 힘들다. 관광 때문에 생겨난 유흥 시설도 거의 없다. 나무와 꽃들이 무성한 원시의 자연만을 간직한 곳이라 대만과 기후가 비슷하고 과일과 채소가 풍부하다. 습기가 적어 쾌적한 공기는 천식을 앓던 그녀에게 최고의 휴양지였다.

시내 중심가 님만해민에서 며칠 동안 밤마다 등려군의 히트곡을 들을 수 있었다. 무명 가수들이 부르는 거리의 노래를 같이 따라 부르거나 둘러서서 임시 콘서트장 분위기가 만들어지기도 했다. 오래 전 이승을 떠난 노래의 천사를 추모하고 기억하는 사람들의 표정에는 그리움이 가득했다.

그녀가 1980년대 초 타이페이 북부 후이모 촌에 공연을 갔을 때의 일이다. 도시와는 비교할 수 없을 정도로 열악한 환경에 마음이 아파 상수도 사업에 써달라고 즉석에서 16만 대만 달러를 기부했다. 고아원과 군부대는 해마다 위문 공연의 단골 장소였다. 여러 명의 입양아를 키우면서 베트남과 인도네시아, 말레이시아 등으로 쉴 새 없이 자선 공연을 다녔다. 그녀가 스타이기 이전에 마음을 함께 나누는 이웃 같은 따뜻함으로 기억되는 이유다.

생전에 그녀는 안면의 작은 점 하나도 없애려 하지 않았다. 오히려 얼굴의 단점이 내면의 아름다움을 돋보이게 한다고 여겼다. 많은 이가 좋아하지 않을 수 없는 인물이었지만, 놀랍게도 그녀는 고달픈 어린 시절을 보냈다. 그녀의 가족들은 중국 대륙에서 타이완으로 밀려온 외성인外省人이었고, 전쟁과 지독한 가난을 피할 수 없는 운명이었다. 그 기억들을 마주할 수 있는 등려군 생가는 유품이 정리된 뒤 대중에게 공개되었고, 그녀가 어떤 기억들을 잊을 수 없었는지 알 수 있는 흔적들이 천 개의 바람이 되어 허공을 떠다니고 있었다.

평론가들은 등려군의 노래가 맞춤옷 같다고 표현한다. 누구도 흉내 낼 수 없는 위치에 있었다는 의미다. 노래와 삶이 따로 놀지 않았고, 허위와 가식이 없는 따뜻한 사랑을 행동으로 베풀었던 결과다. 그런데도 사람은 가장 빛나는 자리에서조차 평범한 일상을 그리워한다. 그렇기에 인생은 공작과 까마귀의 세계일지도 모른다. 공작은 아름다운 깃털 때문에 평생 동물원에 갇혀 지내야 하고, 까마귀는 공작이 부러워 견딜 수가 없다. 까마귀의 마음을 알 리가 없는 공작은 자유롭게 세상을 주유하는 까마귀를 부러워하다가 죽는다. 풍차처럼 돌고 돌면서 평범하게 살고 싶은 작은 소망을 세상은 좀처럼 허락하지 않는다. 결국 각자의 운명대로 살다가 뒷모습을 남기는 것이다.

여행이 만들어준
모차르트

오스트리아 비엔나, 잘츠부르크

유럽의 여러 나라를 거치며 알프스산맥을 넘는 고된 여정이었다. 울퉁불퉁한 고개를 오르고 험준한 고봉 사이로 계곡을 지나야 했다. 1763년, 일곱 살이던 볼프강 아마데우스 모차르트^{Wolfgang} ^{Amadeus Mozart}는 마부 세바스찬의 마차를 타고 이 길을 통해 아버지 레오폴트 모차르트와 오스트리아 잘츠부르크를 떠났다. 숨이 막힐 정도로 아름다운 호수가 일흔여섯 개나 숨어 있는 비경松境 잘츠카머구트를 지나 이탈리아로 가는 길은 며칠이 걸렸다. 마차는 힘에 겨운 듯 흔들거렸고 볼프강 호수를 지나 만년설로 뒤덮인 험준한 산길은 끝이 없는 곡선이었다.

모차르트는 서른다섯 살의 짧은 나이로 생을 마감할 때까지 무려 650편의 작품을 남겼다. 이탈리아 오페라와 칸타타, 오라토리

오, 피아노 소품들, 독일의 징슈필(민속극)에 이르기까지 장르를 넘나드는 천재성을 유감없이 내보였다. 음악사의 독보적 거인으로 추앙받는 그의 예술적 에너지가 무엇이었을지는 해마다 이곳 오스트리아를 찾는 여행객들의 수수께끼로 자리 잡았다.

나 또한 그 수수께끼의 해답을 찾고자 어린 모차르트가 지나간 그 길을 250년의 시차 속에 걷고 또 걸었다. 비엔나에서 하루를 묵고 자동차로 몇 시간을 달려 잘츠부르크 호수 기슭에 자리한 숙소에서 밤을 보낸 뒤 떠난 여정이었다. 옛날에는 사람이 겨우 지나다닐 정도였을 비포장 고갯길은 포장도로로 말끔히 단장되었고, 하루를 돌아가야 했던 호숫가는 직선 터널로 이어졌다. 하지만 덜커덩거리던 마차가 자동차로 바뀌었을 뿐, 자연은 세월을 거슬러가며 그대로의 모습을 보여주고 있었다.

모차르트 어머니의 고향 상트길겐을 거쳐 들어가는 할슈타트 호반길은 너무나 아름다워 세상에 이런 경치가 있나 싶었다. 굽이굽이 알프스의 비경을 간직하고 있는 모습이 마치 신의 세계 같았다. 산과 물이 어울리며 빚어내는 자연의 조화는 부족한 언어로 묘사가 힘든 절경이었다.

이렇게 국경선을 넘은 철부지 음악가는 당시 유럽의 대도시였던 파리와 밀라노, 로마, 취리히, 피렌체 등 60여 곳을 돌아다녔다. 가족이 함께한 궁정 연주 여행은 길면 3년이 넘을 때도 있었다. 음악 평론가들은 모차르트가 알프스의 브레너 페스를 지나 독일과 이탈리아로 떠난 것을 로마사에서 시저가 루비콘강을 건너간 것에 비유하기도 한다. 여행은 그를 성숙시켰고 주변국들의 언어를 익히는 절호의 기회였다. 이 풍부한 방랑의 자산이 음악의 큰 자양분이 되어 인류사에 불멸의 명곡들을 남겼다.

모차르트의 음악을 좋아하는 사람들은 그가 하늘나라에서 내려와 약 30여 년 동안 천상의 선율을 오선지에 척척 옮겨 적고는 다시 하늘나라로 올라간 천재라는 인상을 간직하고 있다. 그중 신학자 칼 바르트는 이렇게 적었다. "모차르트를 천재로 여기는 것은 본질을 제대로 본 것이다. 모차르트는 음악의 모든 기법을 배우고 그것을 끊임없이 연습해 음악 기법으로 청중을 짜증스럽게 하지 않았으며 음표 하나도 귀에 거슬리는 경우가 없다. 따라서 우리는 언제나 반복해서 모차르트의 음악을 즐길 수 있다."

모차르트가 위대한 것은 떠났기 때문이다. 오스트리아를 떠나 독일로, 독일을 떠나 이탈리아로, 이탈리아에서 다시 스위스 알프스로. 떠남은 이음을 잉태하고 이음은 음악적 영감의 모태가 되었다. 모차르트는 그 길 위에서 새로운 길을 열었고, 그 경험을 자양분 삼아 사람들의 가슴을 적시는 천상의 악보를 창조해냈다.

그래서 나 역시 그를 따라 떠나온 것이다. 잘츠부르크 음악 축제에 맞춰 모차르트의 생애를 따라 가는 코스가 인기가 높은 이유이기도 하다. 잘 보존된 모차르트 생가 게부르츠하우스와 몇 번의 이사 끝에 골랐다는 미라벨 궁전 앞 두 번째 집까지 한나절을 쉬지 않고 돌아보았다. 이곳 사람들에게 들은 이야기로는 모차르트의 성공이 부친 레오폴트의 전략 때문이었다고 한다. 그것은 바로 사

⊂ 잘츠부르크의 모차르트 생가

고의 지평을 넓혀주는 다양한 여행이었다. 부친은 당시 최고의 지식인이었으며 야심 많은 계몽주의 음악가였다. 레오폴트는 아들과 함께 여행하면서 모차르트에게 세상을 보여주었고, 그를 철저히 가르쳤다.

모차르트는 35년을 살았는데 그 가운데 10년이 넘는 3,720일 동안 유럽 10개국 204개 도시를 여행했다. 교통수단이나 그 시대의 상황으로는 불가사의한 여정이다. 모차르트가 당시 유럽에서 가보지 않은 국가는 예카테리나 2세가 다스리던 러시아와 에스파냐 정도였다.

어디 모차르트뿐이겠는가. 마르코 폴로는 동방견문록으로 크리스토퍼 콜럼버스는 아메리카 신대륙 발견으로 당시 유럽의 지배층을 흥분시켰다. 원효대사는 참회의 여행길에 해골에 담긴 물을 마시고 해탈했으며, 혜초는 서역 땅 천축국(인도)을 돌아보고 불후의 명작 《왕오천축국전》을 남겼다. 걸어서 한 달 만에 북경에 도착한 박지원은 《열하일기》로 조선 사회를 일깨웠고, 영국 왕실은 이집트를 개척한 뒤 1년에 한 번씩 어린 왕자들을 모두 데리고 험난한 사막 여행을 감행했다. 이처럼 사람들은 늘 바깥세상을 그리워하면서 살았다. 그것만이 현재를 뛰어넘는 방법이라고 생각했기 때문일 것이다.

자신은 물론이고 자식 키우는 사람치고 아이들과 여행을 떠나고 싶지 않은 부모는 없을 것이다. 보는 것이 많으면 지식이 쌓이고 성찰의 밑거름이 되며, 넓은 시야는 지금 같은 창조적 상상력이 필요한 시대에 무엇과도 바꿀 수 없는 소중한 재산이다. 기회가 있을 때마다 그들에게 새로운 세계를 보여줘야 한다. 그 보물들을 아이들 가슴속에 심어준다는 것은 상상만으로도 흥분되고 즐거운 일이다.

여행의 자양분을 음악으로 흠뻑 담아낸 모차르트는 비엔나 교외의 '음악가의 묘지Zentralfriedhof'에 잠들어 있다. 다만 그의 시신은 끝내 확인되지 않아 이곳에는 묘비만 세워져 있다고 한다. 공원처럼 잘 가꾸어진 묘지를 돌아보는 동안 나는 줄곧 이 천재의 음악을 들었다. 그가 남긴 명곡 〈피가로의 결혼〉과 피아노 협주곡 21번은 고된 일정에 지친 내게 다정한 친구가 되어주었다.

음악가의 묘지에는 모차르트뿐만 아니라 루트비히 판 베토벤

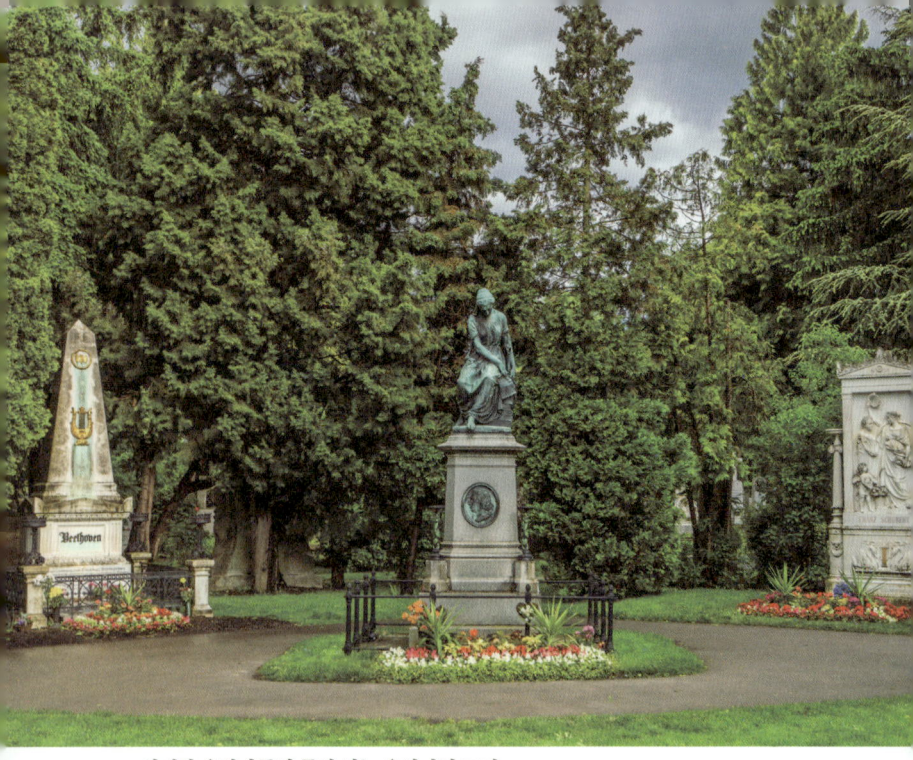

◠ **위대한 음악가들이 묻혀 있는 음악가의 묘지**

과 프란츠 슈베르트, 요한 밥티스트 스트라우스 2세, 브람스 등 음악사의 거장들이 함께 잠들어 있다. 이들의 묘비는 반원 형태로 배치되어 모차르트의 묘비를 둘러싸고 있는데, 중앙에는 신화 속 음악의 여신상이 서 있어 마치 그들의 영면을 조용히 지키는 듯했다.

이쪽 세상과 저쪽 세상의 차이는 결국 시간일 뿐이다. 죽음은 소멸이 아니라 단지 정해진 시간표대로 떠나고 남는 것의 연속 아닐까. 세상의 모든 일들이 나오는 상관없이 그들만의 질서대로 움직이고 사라지고 다시 시작되는 윤회의 물레방아처럼 말이다.

화강암 위에 헌화된 꽃들이 놓고 간 순서대로 말라가고 있었다. 모차르트 묘비 앞에 꽃 한 송이를 놓고 고개를 숙인 후 돌아 나왔다. 이번 여행의 다음 목적지 체코의 프라하로 달리는 버스에서 국경을 지나며 생각했다. 시간은 가는 것이 아니다. 시간은 여기 있고, 단지 사라져 가는 것은 우리들이다.

감자 기근과
〈대니 보이〉

아일랜드 더블린

아시아의 쌀과 유럽의 밀, 남미의 옥수수는 인류의 배고픔을 해결해준 3대 작물이다. 여기에 뒤늦게 감자가 4대 식량 반열에 올랐다. 감자는 스페인의 남미 식민지 개척 이후 유럽에 전해져 귀한 식용작물로 각광받았다. 수확량이 많고 대충 심어도 어지간한 땅에서 잘 자라며, 보관이 쉽고 다양한 요리가 가능하다. 이런 특성 때문에 감자는 이미 200년 전부터 유럽 사람들의 허기를 채워주는 중요 식품이었다.

옛 영국의 귀족들은 땅에서 나는 작물을 먹지 않았다. 하늘로 솟는 포도나 토마토, 밀이 주식이었고, 땅속에서 캐내는 것들은 저급하다고 여겼다. 반면 같은 시기에 아일랜드 사람들은 감자로 배고픔을 달랬다. 감자는 녹색의 대평원 아무 곳에나 던져두기만 해도 풍성한 수확으로 보답하는 고맙고 든든한 먹거리였고, 목구멍이 포도청인 시절에 버팀목이 되어주었다.

하지만 신은 가난한 이들의 만족과 평화를 그리 오래 허락하지 않았다. 1845년, 감자밭에 갑자기 곰팡이 병이 돌더니 아일랜드 전역을 덮쳤다. 이후 감자 기근은 수년간 이어지며 아일랜드 인구 800만 명 중 100만 명의 생명을 앗아갔다. 전 국민이 한 명도 빠짐없이 궁핍에 내몰렸고, 도시 곳곳 거리마다 시체가 즐비했다. 그렇게 병든 감자밭만으로는 다 설명되지 않는 비극이 현대 인류사의 수수께끼로 남았다.

더블린을 가로지르는 리피 강변에서 우울한 역사를 잊지 않으려는 그들의 몸부림을 보았다. 강변에 서 있는 감자 기근 동상은 바짝 마른 몸의 주민들, 곧 쓰러질 듯한 형상의 비참함, 허기에 지친 개들의 모습을 그대로 담고 있었다. 그 앞에 서자 시선이 쉽게 떨어지지 않았다. 죽어가는 아들을 안고 있는 부부 동상 앞에 멈춰선 채 더는 발걸음을 옮기기가 어려웠다. 시체가 된 자식을 어깨에 메고 휘청거리는 행렬은 그 자체로 충격이었다. 처참하기 그지없는 모습의 동상 주변으로 거대한 지하 광맥처럼 아일랜드의 슬픔이 흐르고 있었다.

동상 앞에서 생각은 자연스럽게 그 시절로 되돌아갔다. 당시 감자 기근을 피해 아메리카 신대륙으로 떠난 사람은 200만 명에 육박했다. 북아일랜드의 항구도시 런던데리에서 정처 없이 배에 오른 이들은 멍한 눈으로 서로를 바라보며 〈대니 보이〉를 합창했다

⊂ 리피 강변에 서 있는 감자 기근 동상

고 전해진다. 살아서는 다시 돌아올 수 없는 곳을 그리는 구슬픈 노래이자, 고향을 떠나며 부른 망향가였다. 리피 강변에서 리시버(전기 진동을 음향 진동으로 변환하는 장치)로 듣는 〈대니 보이〉는 눈물이 흐를 정도로 감정을 복잡하게 만들었다.

〈대니 보이〉는 20세기 초 〈런던데리 에어〉라는 원고에 가사를 붙여 널리 퍼진 노래로, 시간이 흐르며 이별과 상실의 정서를 대표하는 상징처럼 불려왔다. 그래서 이 노래는 독립을 원하는 아일랜드와 이들을 놓아주지 않는 영국의 오랜 압제를 견뎌낸 기억과도 맞닿아 있다. 듣고 있노라면 마음이 차분해지면서도 동시에 뜨거운 무엇인가가 가슴속에서 솟아오른다. 조국을 떠나는 슬픈 메시지가 배어 있기 때문이리라. 죽음 앞에서 그려보는 고향의 목장과 초원, 양떼, 사계절 꽃들이 절절히 담겨 있는 배경 때문에 〈대니 보이〉는 21세기의 대표적 망향가로 기억된다.

오, 사랑하는 아들 대니야.

목동의 피리 소리가 널 부르는구나.

산기슭 골짜기 아래에서도 여름은 가고 꽃은 시드는데,

이제 너는 떠나야만 하고 우리는 여기 남아 널 기다리고 있구나.

– 〈대니 보이〉 중에서

미국에 도착한 이들은 부활을 향해 정진했다. 그들은 동부 13주 전역에서 공동체를 이루며 삶을 다시 세웠고, 시간이 흐른 뒤에는 상류층을 형성하며 미국 사회의 주춧돌이 되었다. 10월의 마지막 날 호박 귀신 가면으로 죽은 자의 영혼을 들어오지 못하게 막는 핼러윈을 수출했고, 존 F. 케네디 대통령과 조 바이든 대통령 등 미국 역사를 관통하는 수많은 인물을 배출했다. 신대륙에 아이리시 주류 사회를 이루어내며, 절망의 바닥에서 희망을 건져 올린 것이다.

그 희망을 토대로 밝은 미래를 손에 넣긴 했으나, 고향을 떠나는 그들이 얼마나 고달팠을지 감히 가늠할 수조차 없는 일이다. 이민선으로 대서양을 건너 매사추세츠에서 생을 마친 어느 아일랜드 노인의 처연한 메모에서 그들의 고뇌를 잠시 엿볼 수 있다.

"불어오는 바람이 흔적을 남기지 않듯, 순간의 기척만을 남기고 사라져버리고 싶다. 세월은 흐르고 세상은 변한다. 그 흐름 속에 몸을 맡기고 먼지처럼 흘러 떠돌아왔기에 이렇게라도 살아남았다. 바람에 날리어 가고 또 떠나고 언젠가 그곳이 익숙해지면 다시 바람을 부르리라."

이처럼 감자로 시작된 배고픔의 절규는 현대에 이르러 청동상의 교훈으로 남겨졌다. 고단한 역사 위에 올라선 아일랜드의 정신을 기억하려는 염원이었으리라. "우리의 미래를 개척하기 위해 우리가 할 수 있는 최선의 행동은 결코 과거를 잊지 않는 것이다." 1995년, 아일랜드 독립운동의 출발점으로 여겨지는 '부활절 봉기' 기념행사 당시 아일랜드의 메리 로빈슨 대통령은 리피 강변 앞에 서서 처절했던 감자 기근 역사를 돌아보며 깊은 성찰을 주문했다.

우리 민족도 보릿고개를 견뎌내기 위해 만주와 우수리스크, 북간도, 하와이 사탕수수 농장으로 떠나야 했던 역사가 있다. 우리 민족의 디아스포라는 〈고향의 봄〉으로 슬픔을 달랬다. 〈대니 보이〉와 출발이 비슷한 이야기다. 한국이 아시아에서 떠오르고 아일랜드가 유럽에서 비상했을 때, 세계는 가난을 이겨낸 성공 사례인 두 나라에 아낌없는 박수를 보냈다.

지정학적 고통을 딛고 단기간에 성공한 나라는 드물다. 영국의 압제를 이겨내고 유럽의 무역 중심지로 우뚝 선 아일랜드, 강대국에 둘러싸여 분단된 상황에서도 도약과 선진을 이뤄낸 대한민국은 닮은꼴이지 않을까? 리피 강변을 서성거리는 내 마음속에 강한 역사적 유대감이 일렁거렸다.

드뷔시의 〈바다〉,
이스트본의 기억

영국 이스트본

바람과 파도는 바다의 상징이다. 잔잔한 수평선과 거센 풍랑이 오가는 해원은 늘 미지의 세상처럼 느껴진다. 도시의 일상 속에서 오래 갈망해온 바다의 풍경이 소리로 귓전에 닿는 순간, 나는 잠시 걸음을 멈췄다. 눈으로 담아내던 해안의 장면이 헤드폰을 타고 흘러드는 음향과 완벽하게 일치되는 지점에서였다. 런던 남쪽의 스톤헨지와 솔즈베리를 지나 도착한 이스트본의 바다는 그런 순간을 선물했다. 교향시 〈바다〉를 들으며 걷는 해변은 내가 알던 세계와는 분명히 다른 곳이었다.

이 아름다운 클래식을 남기고 떠난 음악가는 프랑스를 대표하는 작곡가 클로드 드뷔시다. 그가 머물렀던 영국의 이스트본을 방문하는 일은 오랜 기다림 끝에 이루어진 여정이었다. 어릴 때부터 바다를 사랑했던 그는 파도와 항구의 기억을 〈바다〉 3악장에 담아냈다.

드뷔시는 프랑스 최고의 음악 학교인 파리국립고등음악무용원에서 피아노와 작곡을 공부했다. 클로드 모네를 비롯한 인상파 화가들의 영향 아래 전통적인 화성 규칙을 벗어난 몽환적인 스타일을 제시한 선구자였고, 드뷔시의 음악은 이고르 스트라빈스키와 올리비에 메시앙 같은 후대 작곡가들에게도 큰 영향을 미쳤다. 그런 그가 쉰다섯 살의 이른 나이로 파리에서 영면했을 때, 많은 이들이 그의 재능을 아쉬워했다.

교향시 〈바다〉는 드뷔시가 성인이 된 뒤 겪은 복잡한 개인사와 인상주의 예술의 후광이 겹쳐 탄생한 작품이다. 그의 삶에는 바다를 곁에 두고 지낸 시기도 있었고, 그렇지 못한 시기도 있었다. 그러나 기억 속 자연의 인상은 평생 그의 내면을 지배했고 마침내 음악으로 집대성되었다. 또한 드뷔시는 바다를 직접 묘사하기보다 상상과 기억으로 바다를 그리려 했는데, 이러한 시도에는 당시 유럽을 휩쓴 자포니즘의 영향도 컸다. 그는 가쓰시카 호쿠사이의 판화 그림 〈가나가와 해변의 높은 파도 아래〉에서 바다의 에너지와 역동성을 포착해내려 했으며, 그 그림을 온전히 소리로 옮기는 것을 하나의 목표로 삼았다.

1905년 한 여름날 드뷔시는 연인 엠마와 함께 영국 해협 연안의 휴양지 이스트본을 찾았다. 당시 드뷔시는 유부녀였던 엠마와의 관계로 큰 스캔들을 겪고 있었고, 그 과정에서 아내 릴리가 자

○ 가쓰시카 호쿠사이, 〈가나가와 해변의 높은 파도 아래〉
1830~1831년, 종이에 잉크와 채색, 24.6×36.5cm, 영국 런던 대영박물관 소장

살을 시도하는 일까지 벌어졌다. 곡 전체에 불안하고 격렬한 심리
상태가 드러나는 이유다. 예측할 수 없이 요동치는 파도와 폭풍우
속 바다 이미지가 배어나는 것은 고통의 시간을 넘어가려는 시간
의 감정 표현이기도 했다.

그러니 어쩌면 평화로운 이스트본의 바다가 그를 초대했다는
표현이 더 정확할지도 모른다. 교향시 3악장을 쓰기 시작할 때 그
는 바다와 멀리 떨어진 프랑스 동부 부르고뉴에 있었다. 이후 거친
세월을 피해 도착한 이스트본에서 조용한 해변과 바다 풍경을 온
몸으로 느끼며, 그는 악보를 손질하고 마침내 곡을 마무리했다.

드뷔시의 〈바다〉는 전통적인 교향곡이라기보다 관현악을 위한 세 개의 교향적 스케치에 가깝다. 그는 바다의 모습을 사실적으로 재현하기보다 빛과 물결, 바람이 남기는 인상을 색채와 질감으로 표현했다. 어린 시절의 기억과 상상력이 예술적 영감의 토대가 되었고, 캔버스에 바다를 스케치하듯 소리의 결들이 현란하게 겹쳐졌다. 드뷔시는 파리와 노르망디 해안, 저지섬 등 여러 장소를 옮겨다니며 반복과 수정을 더했고, 그 과정에서 끊임없이 변화하는 해원의 모습을 소리로 엮어냈다.

인상주의 회화가 빛과 색채의 순간적 이미지를 포착해내듯, 드뷔시는 오케스트라의 다양한 악기 편성과 기법으로 바다의 변화무쌍한 색채를 장대하게 연출했다. 여명의 고요함으로 시작해 태양이 떠오르는 첫 번째 악장을 지나면, 두 번째 악장에서는 정오의 밝은 빛으로 채워지는 바다가 웅장하게 그려진다. 느리고 신비로운 도입부에서 점차 활력을 더해가는 세 번째 악장의 리듬은 세븐 시스터즈 절벽을 걷는 내 발걸음 속도를 잘 따라오고 있었다.

그 절벽 아래 바람과 햇살이 만들어내는 잔물결은 경쾌하고 장난기 가득한 움직임이 독특했다. 파도의 놀이는 산뜻한 오케스트레이션과 빠른 리듬 변화가 촘촘히 직조된 벨벳 같은 음감이었다. 앞선 파도와 뒤따라오는 물결들이 서로 쫓아가며 노는 듯했다. 바람과 바다가 대화를 나누다가도 이내 격렬하게 충돌하며 거대한 파도로 분출했다. 그리고 그 압도적이고 장엄한 바다의 에너지가 교향곡의 마지막을 장식했다.

또한 현악기와 목관악기, 금관악기, 타악기의 조화 역시 압권이

⊂ 이스트본 바다

었다. 빛의 반사와 안개, 파도의 포말 같은 시각적 인상이 청각적
색채로 변환되어 와닿았다. 전통적인 소나타 형식을 벗어난 악장
전체에는 바다의 영원함을 상징하는 통일성이 흘렀고, 예측할 수
없고 유동적인 바다의 이미지가 음악 속에서 살아 움직였다. 수평
선이 주는 신비와 메시지는 춤추듯 서성거렸다.

　지금은 고인이 된 이탈리아의 세계적 거장 클라우디오 아바도
의 지휘로 울리는 클래식 연주는 바다와 나를 하나로 묶어버렸다.

3악장이 끝난 뒤 수 분 동안 이어지는 박수 소리가 귓전에서 발아래 포말처럼 출렁거렸다. 완만한 곡선을 그리며 이어지는 하얀 절벽 세븐 시스터즈를 따라 계속해서 해변을 걸었다.

이는 석회암이 무너지며 만들어진 일곱 개 봉우리로, 푸른 바다와 대조를 이루는 신비로운 매력을 품고 있다. 들풀이 바람에 일렁이는 오솔길은 생전의 드뷔시가 걸었을 법한 길이지 않을까. 짙푸른 잉글랜드 해협과 절벽 위 초록빛 언덕은 눈이 부셨고, 걷기를 사랑하는 사람이라면 누구나 한 번쯤 꿈꿀 법한 풍경이 끝없이 펼쳐지며 내 안으로 들어왔다.

영국인들이 백악이라 부르는 석회암 절벽은 1억 년의 시간이 쌓여 형성된 암석이다. 당시 이곳은 따뜻한 아열대 바다 아래에 있었고, 해양 미생물과 조류가 번성하며 남긴 잔해들이 퇴적과 압축을 수없이 반복하며 만들어진 단층이다. 순수한 흰빛을 띠는 백악은 육지의 모래나 실트(모래와 찰흙의 중간 굵기인 흙) 같은 불순물이 적은 바다 환경에서 만들어졌다는 반증이기도 하다.

아프리카판과 유라시아판이 충돌하면서 알프스산맥이 형성될 때, 강력한 지각변동이 이 일대의 해저를 끌어올렸다. 그 뒤 오랜 세월 파도에 깎이면서 백색의 사면이 드러났고, 해양 파도와 풍화작용으로 침식되어 현재의 극적인 지형이 빚어졌다. 무너져내리는 석회암 절벽 사이사이로 이어지는 바다는 잠잠했다.

햇빛이 가득 쏟아지는 초원길을 걷다가 해변 벤치에 앉았다. 누군가 사랑하는 이의 이름으로 기증한 오래된 의자였다. 그곳에 몸을 맡긴 채 끝을 가늠할 수 없는 수평선을 응시했다. 그 시선의 안쪽으로 드뷔시의 음표들이 청각을 파고드는 시간은 인생의 오랜 기다림 같은 여운을 남기며 공중으로 흩어졌다.

인생은 매순간 출구를 찾으면서도 영원히 빠져나가고 싶지 않은 미로와도 같다. 알 수 없는 막다른 길에서 오도 가도 못한 채 방황할 때마다 바다는 나에게 적절한 실마리를 던져주었다. 해답은 애초부터 정해져 있지 않았다. 산다는 것은 줄거리를 알 수 없는 연극과도 같고, 막연하게 앞으로 전진하는 것만이 허용된 부조리극이다. 지쳐 헤맬 때마다 바다는 나를 포근하게 감싸는 무엇이 되어주었다.

해안선은 땅과 바다가 새롭게 맞닿는 곳이다. 미지의 인간들이 들어오면 기존의 존재들은 때로는 거부하고 때로는 수용하며 갈등과 화해를 연출해냈다. 그리고 나는 해변에서 언제나 화해를 건져 올려 돌아가곤 했다. 그때마다 드뷔시의 음악이 적절한 중재자가 되어 나를 따라다녔다.

러시아 작가 블라디미르 나보코프의 말처럼 그가 만들어낸 예술은 희미하고 창백한 달빛이었다. 태양에 맞서서 움직이는 여린 빛, 그 빛들이 굴절되는 부분, 빛이 반사되어 상이 맺히는 부분, 태양의 그림자 부분의 한 점으로 음악을 남겼다. 현실이 태양이라면 드뷔시의 음악은 그 태양에서 달이 훔쳐온 창백한 불꽃이었을 것이다.

어떤 대상에 세월과 목숨을 바치는 사랑은 아름답기에 앞서 광기에 가까운 일인지도 모른다. 스스로를 난관에 밀어넣고 철저히 갉아먹으며 무언가를 성취하려는 시도가 광기가 아니라면 무엇이겠는가. 그러나 인간은 바로 그런 과정을 통해 스스로를 구해내기도 한다. 예술을 향한 치열한 긍정의 세계가 위대한 작곡가 드뷔시의 그림자처럼 해협의 물결 위에 어른거리고 있었다.

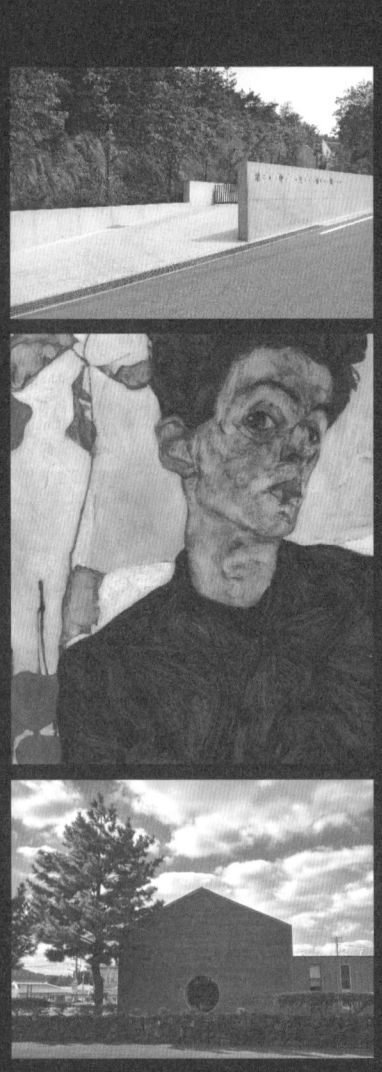

4부

미술로 걷다

나는 터져 나올 것 같은
고독과 우수의 심정을 그리고 싶었다.

_ 에곤 실레

빛으로 만난
안도와 모네

일본 나오시마

⊏ 지중미술관 입구

나오시마 지중미술관의 심플한 콘크리트 벽을 비켜 돌아 수련 연못가에 들어섰다. 가지런한 수면에는 푸른 하늘이 고스란히 담겨 있었다. 비스듬한 언덕을 따라 디자인된 계단식 물가에는 봄기운이 무겁게 가라앉아 있었고, 생명이 움트는 초록의 움직임 사이로 수련은 연둣빛을 머금으며 잎을 빠르게 넓혀갔다. 그 사이 바다 너머로 내려다보이는 우노 항구는 춤추는 아지랑이 속에서 점점 가물가물해졌다.

〈수련이 있는 연못〉으로 유명한 프랑스의 인상파 화가 클로드 모네는 파리 근교 지베르니에 있는 자택의 정원에서 생이 끝날 때까지 꽃과 나무를 그렸다. 그는 인상주의 창시자답게 시각에 따라 변하는 사물의 프리즘을 그림에 담아냈고, 죽을 때까지 빛은 곧 색채라는 회화적 질문을 놓지 않았다. 같은 인상파 화가 폴 세잔은 '신의 눈을 가진 유일한 인간'으로 그를 극찬했다.

지중미술관은 그런 모네와 빛으로 만나려는 건축가 안도 다다오의 땀이 이뤄낸 걸작이다. 안도는 정규교육을 받지 못했지만 건축에서 빛이 차지하는 역할에 주목해 누구도 따라 하기 어려운 장르를 개척해냈다. 그는 모네의 연작 〈수련이 있는 연못〉의 의미를 확장하겠다는 착상에서 세계적으로 독특한 지중 건물을 현실화시켰다. 그 입구에 다다르자 안도의 의도를 머금은 노출 콘크리트가 교묘하게 자연광을 흡수하고 있었다. 스며드는 빛은 모네의 그림을 비추어 끝없는 근원적 상상을 자극하게 만들었고, 부피감이 거의 없는 건물 안으로 들어서니 자연을 지척으로 느낄 수 있었다.

생전 모네도 언제나 자연을 가까이했다. 모네의 정원에는 수련 연못을 건너는 일본풍의 아치형 다리가 있었다. 19세기 초 유럽을 풍미한 자포니즘의 영향이라고 전해진다. 1906년, 모네가 제1차 세계 대전의 전사자들을 추모하기 위해 시작한 〈수련〉 연작은 태양이 뜨고 질 때까지 정원에 앉아 캔버스를 바꿔가며 빛의 변화를 담아낸 걸작이다. 초라한 인간의 생을 자연의 무상함으로 견디면서 우주적 시각을 담아내려 했으며, 전쟁의 허무를 화폭으로 이겨내고자 했다. 그 정원이 지중미술관에 그대로 살아 있었다.

가로 6미터가 넘는 대작 앞에 서니 가슴이 먹먹해졌다. 왼쪽부터 오른쪽으로 천천히 시선을 돌리는 순간에도 노출 콘크리트 천정으로 들어오는 빛은 새로운 영감을 속삭이고 있었다. 바닥에는 2센티미터 크기의 카라라 대리석 70만 개가 타일처럼 깔려 다시 자연광을 부드럽게 반사해냈다. 속세에 지친 인간의 영혼을 따뜻하고 신비롭게 어루만져주는 포용의 미학이 느껴졌다.

그 순간 몇 년 전 파리에서 모네의 〈수련〉만을 골라서 내건 오랑주리미술관 투어의 기억이 고개를 내밀었다. 사진을 찍지 말라는 제지에 눈에만 넣고 돌아온 아쉬운 여행이었지만 그때부터 지베르니 정원은 내 기억의 한쪽에서 자라고 있었다.

화가는 그림을 그리기 전에 미리 머릿속에 그림을 담고 있어야 한다.

　　　　　　　　　　　　　　　　　　　　　　　－ 클로드 모네

⊏ 클로드 모네, 〈수련〉
1906년, 캔버스에 유채, 89.9×94.1cm, 미국 시카고미술관 소장

덥수룩한 수염의 마음씨 좋은 아저씨 모네의 고집이 엿보이는 감성적 직관이다. 안도 다다오는 지중미술관을 지으면서 "당신의 눈에 보이는 것은 살리고 없는 것은 상상하라"고 했다. 존재하는 것은 살리고 없는 것은 만든다는 나오시마의 주인 후쿠다케 소이치로 회장의 소신과도 통하는 이야기다. 아는 만큼 보이는 것이 아니라 아는 것만 보고 기억하기 때문에 모르는 것은 평생 보지 못하고 살아가는 것이 인간의 무심함이다. 땅속으로 묻힌 지중미술관은 그렇게 아홉 점의 작품을 위한 공간으로 이 세상에 탄생했다.

이곳을 찾는다면 모네의 〈수련〉과 더불어, 빛으로 승부하는 조각가 월터 드 마리아와 공간 설치 미술가 제임스 터렐의 솜씨도 백미다. 제임스 터렐의 〈오픈 스카이〉는 빛이면서 입체적 공간이라는 환각을 불러 일으켰고, LED 조합으로 만들어진 마흔 개의 빛은 벽이 아니라 지상으로 관통하는 통로를 연상케 했다. 〈오픈 필드〉는 2차원의 평면인지 3차원의 공간인지 직접 빛 속으로 들어가서야 그 비밀을 알 수 있었다.

월터 드 마리아의 공간에 들어서니 흠집 하나 없는 공 모양의 거대한 화강암 덩어리 하나가 놓여 있었다. 다양한 각도에서 시선을 교차해보며 영원의 공간을 즐기며 자연과 문명의 대립을 떠올렸다. 대지 미술의 선구자답게 모네의 빛과 잘 어울리는 작품이었다. 또 다른 그의 대표작 〈시간/영원/시간 없음〉은 조각이라기보다 허무한 생의 윤회를 수채화처럼 담고 있었다.

이처럼 나오시마는 자연과 예술, 건축이 어우러진 현장이자, 추상적인 기하학 형태의 건축을 땅속에 묻듯 배치해 전례 없는 가능성을 보여주는 공간이다. 그 풍경은 새로운 세계를 처음 마주했을 때의 놀라움처럼 유년의 감각을 일깨우는 듯했다. 건축과 바다, 생명이 서로 어우러진 이 섬은 인간이 자연과 어떻게 공존해야 하는지를 조용히 묻고 있었다.

지중미술관은 늘 보는 이의 상상력과 대화를 조용히 기다린다. 봄이 깊어 숲이 무성해지고 대지의 온기가 살아나는 계절이 되자 사람들은 긴 겨울을 털어내듯 줄지어 나오시마를 찾았다. 행복한 고요 속에서 이름 모를 곤충들의 군무가 햇빛 속에 반짝였고, 그 사이 노인들은 세밀한 손길로 가지를 치며 섬의 계절을 가꾸고 있었다. 예술이 가득한 이 섬마을 위로 모네가 사랑했던 빛이 서서히 기울었다. 그 빛 아래 서 있던 나의 시야 끝에서 짙게 물드는 석양 사이로 한 줄기 가는 연기가 피어올랐다. 이 제전의 덧없는 운명을 알리듯.

에곤 실레,
불안한 영혼의 그림

체코 체스키 크룸로프

어머니는 언제나 끊을 수 없는 그리움과 위안의 대상이다. 불우했던 시대의 예술가들에게는 특히 그랬다. 젊은 나이에 세상을 떠난 화가 에곤 실레Egon Schiele는 정신적 피난처로 어머니 가틴 마리 실레의 고향 마을 체스키 크룸로프를 자주 찾았다.

체코 남쪽의 중세도시 체스키 크룸로프는 다뉴브강 위에 떠 있는 한 송이 장미 같은 소도시다. 중세풍 크림색 기와지붕 배열은 공중에서 보는 한 폭의 명화 같고, 소박한 거리와 붉은 지붕들이 강변 안쪽으로 옹기종기 모여 있는 조화는 그 무엇과도 비교할 수 없다. 하지만 산책길과 오래된 골목에는 체코 특유의 쓸쓸함과 보헤미안 감성이 잔뜩 묻어난다.

중세 수도원 건물을 개조한 클래식 호텔 로제에 짐을 풀고 곧바로 휘어진 언덕길을 올랐다. 웅장한 성당 건물이 마주 보이는 골목의 에곤 실레 미술관까지 단숨에 도착했다. 빗방울이 오가는 분위기에 마음까지 가라앉은 오후였다. 날씨 역시 우울하게 세상을 등진 실레의 그림과 어울렸다. 요절한 청년 화가를 대하는 내면의 준비였는지도 모른다.

오스트리아 비엔나에서 이름을 알리기 시작한 스무 살의 화가 실레는 이곳에서 걷고 사색하며 판화를 만들고 풍경화를 그렸다. 말발굽처럼 돌아 나오는 강의 물줄기를 경계선으로, 섬처럼 보이는 구시가지가 특히 매력적인 지형이었다. 도시 전체가 유네스코 문화유산인 체스키 크룸로프 정경은 한 장의 그림엽서였고, 에곤 실레를 기리는 갤러리는 오래전부터 이 도시를 지키고 있었다.

실레의 그림이 세계적으로 알려진 것은 그의 죽음 한참 뒤였다. 소더비 경매에서 420억 원에 팔린 〈빨래가 널린 집〉이나 〈몰다우 강변의 크루마우 풍경〉 등은 그가 청년 시절 이곳에서 그렸던 걸작들이다. 에곤 실레의 풍경화에는 밝은 색감보다 어둡고 음울한 색채가 많은데, 특유의 왜곡된 묘사들이 풍경화를 지배한다. 건물들이 뒤엉켜져 있기도 하고 아름다운 꽃과 나무보다는 시들거나 저물어가는 식물이, 환하게 떠 있는 태양보다는 지는 해의 모습이 많다.

이처럼 슬픈 그의 일생을 그려낸 영화 《에곤 실레: 욕망이 그린 그림》을 보고 있으면 잔잔하게 목이 메어온다. 힐데 베르거의 소설 《죽음과 소녀: 에곤 실레와 여자들》을 원작으로 한 작품이다.

영화 속에는 요절한 천재 예술가의 삶 전반이 담겨 있는데, 실레의 작품 활동에 큰 영향을 끼쳤던 네 명의 여인들과 구스타프 클림트와의 작업에 대한 고뇌가 등장한다.

> 내가 왜 어머니가 살던 곳을 찾아 헤매고 굳이 쓰라린 마음을 끄집어내는지 아무도 이해 못할 거야. 조금의 기억이지만 희미하게나마 내 안에 간직되어 있기 때문이겠지. 나는 그 모습들을 붙잡고 싶어.
>
> — 에곤 실레

실레는 아내 에디트를 만나 아이들을 낳고 잠깐 행복했다. 실제로 그 시기의 그림들은 대체로 평화롭지만, 행복은 오래가지 못했다. 실레는 당시 유럽을 휩쓴 스페인 독감으로 두 아이와 아내를 먼저 떠나보내고, 절망과 고독, 불안 속으로 재진입하고 말았다. 가정을 꾸렸던 짧은 시간을 제외하면 그는 늘 불안과 방황에 내몰렸고, 설명하기 힘든 내면의 메시지는 특유의 붓 터치로 그의 그림에 나타났다.

에곤 실레를 상징하는 명작 〈열매가 있는 자화상〉 또한 그러한 심상이 담겨 있다. 나는 이 그림에 이끌려 체스키 크룸로프로 향했는지도 모른다. 자연을 담은 화폭에서 실레의 독특한 생각과 분위기가 드러난다. 죽기 전 실레가 친구에게 남겼다던 편지 한 구절에서도 그의 생각을 엿볼 수 있었다. "자연을 그대로 베끼는 데생은

아무 의미가 없다. 마음 깊은 저 심연에 자리한 영혼의 울림소리가 없다. 나는 터져 나올 것 같은 고독과 우수의 심정을 그리고 싶었다." 또 다른 작품 〈시들어 버린 해바라기〉는 살집이 말라버린 노인처럼 보였고, 〈가을나무 1〉은 고통에 신음하며 몸부림치는 사람이 연상되었다. 그에게 자연은 소외된 소수를 표현하는 매개체였다.

에곤 실레의 그림들을 돌아보고 눈에 넣는 동안 파리의 회색빛 가을날을 노래했던 상징파 시인 보들레르의 〈가을 노래〉가 오버랩되어 나를 따라 다녔다. "머지않아 우리는 차가운 어둠 속에

└ 에곤 실레, 〈네 그루의 나무〉
1917년, 캔버스에 유채, 110×140cm, 오스트리아 비엔나 벨베데레미술관 소장

잠기리라. 잘 가라, 너무나 짧았던 우리네 여름날의 생생한 빛들
이여."

　시의 풍경을 떠올리며 실레의 풍경화 〈네 그루의 나무들〉에 시
선을 돌렸다. 그림에는 스산한 가을 하늘 아래 핏기 없는 햇빛이
가느다란 온기로 남아 있다. 일정한 간격으로 서 있는 네 그루의
나무들 가운데 잎을 지상으로 낙하시킨 앙상한 한 그루가 눈에 확
들어왔다. 아직 단풍이 남아 있는 세 그루와 대조적인 모습이다.
이 작품은 실레가 죽기 1년 전쯤 그려졌다고 전해지는 만큼, 죽음
앞에선 예술가의 마음이 표현된 것일지 고민해보게 되었다.

〈네 그루의 나무들〉은 노벨문학상 수상자 한강의 《채식주의자》 표지로도 유명하다. 소설의 주인공 영혜는 절망 속에서 자신의 목숨을 받아줄 나무를 찾기 시작한다. 하지만 어떤 나무도 그녀를 받아주지 않을 것처럼 견고하게 서 있다. 그렇게 나무를 찾아 헤매던 주인공과 100년 전에 네 그루의 나무를 그려주고 떠난 불행한 화가가 만나 동행이 되었다. 이 그림은 강력한 시선으로 고독이나 욕망 또는 그 이상의 것들을 표현했다. 인간의 근원적인 고독을 잉태한 감정의 교집합이었다. 우연처럼 보이는 예정된 필연이었을지도 모른다.

인체의 뒤틀림이나 변형을 통해 인간 욕망과 성욕, 질투, 불안, 원초적인 심리의 근원적 실마리를 찾아 나선 실레의 그림 여행은 시대의 자화상이기도 했다 그가 살았던 20세기 초반은 전쟁의 시대, 즉 징집을 강요당하고 전선에서 죽음을 기다리는 세상이었다. 그 험한 질곡에서 살아남았다는 자책과 안도감이 그 생의 키워드였지 않을까.

생의 파멸은 놀랍도록 고요하다. 영원한 침묵으로의 진입이다. 실레의 인생은 사는 게 아니라 견디는 것이었다. 살았더라면 일상이고 견뎠더라면 고통인 스물여덟 살 인생의 비망록이었다. 목숨은 가속기 안에서 어느 쪽이 파멸에 이를 때까지 뒤섞여 들어가는 중이었다. 실레의 죽음은 그렇게 현실이 되었고 역사로 남았다.

예술계가 아직까지 그를 잊지 못하는 것은 그림 속 인간의 모습들이 지금의 우리와 적나라하게 닮았기 때문이다. 시간의 무대만다를 뿐, 불안과 슬픔, 좌절로 범벅된 인간 군상들이 실레의 화폭에 채워져 있다. 공포에 떠는 인간의 내면과 성적 욕망은 초라하게 벌거벗은 육체에 모두 담겼다. 에곤 실레는 구스타프 클림트의 제자였지만, 완전히 새로운 창조를 해냈다. 그때까지만 해도 낯설었던 고통, 불안, 노골적 성性의 묘사, 죽음, 절망들이 어른거리는 강렬한 화풍이 모습을 드러냈다. 강렬한 시선의 자화상과 성이라는 금기를 노골적으로 다룬 것은 기절할 만한 시대적 사건이었다. 사랑에 건조한 어머니, 매독으로 죽은 아버지의 기억이 유년기 우울한 그림자로 남아 있었던 까닭이다.

위대한 수집가는 위대한 예술가를 만든다. 예술사를 관통하는 서사다. 루돌프 레오폴트는 오스트리아의 대표적 수집가였다. 1953년, 그는 청년 시절 자동차 한 대 값에 달했던 에곤 실레의 〈은둔자들〉을 손에 넣었다. 공부엔 관심이 없이 경매장과 미술품 매매 골목을 돌아다니는 의대생 아들의 마음을 바꿔보려는 부모의 졸업 선물이었다.

실레의 그림들은 나체이거나 우울함과 불안함이 가득한 것들이었다. 28세 괴짜 수집가와 28세에 죽은 괴짜 화가의 만남이었다. 안과 의사 레오폴트는 제2차 세계 대전 후 에곤 실레의 작품에 더욱 심취했다. 외설적 화가라는 이유로 세상에서 잊혀가던 유품들을 수소문하고 작품 소유자를 찾아다녔다. 실레 컬렉션 220점이 그렇게 한 곳에 모였다.

그의 수집품으로 이루어진 레오폴트 미술관은 비엔나를 대표하는 명소가 되었다. 하얀 석회암으로 치장된 외부 정육면체 모양의 개성 넘치는 건물은 그 자체만으로도 볼거리다. 문화의 시대를 미리 예견한 것이었을까? 대단한 혜안이고 집념이다.

에곤 실레의 인생은 윤형방황輪形彷徨의 연속이었다. 인간이 길을 잃고 헤매다 돌아오는 지점은 결국 처음 방황을 시작한 그곳이라는 심리학적 관찰, 눈을 가리거나 사막에서 똑같은 길을 걸으면 겪는 현상이다. 실레의 윤형방황 종점은 어머니의 고향 마을 체스키 크룸로프였다.

천재 화가는 세상과의 대화를 포기하고 너무 일찍 세상 밖으로 나가버렸다. 언제나 새로운 생각이 들어오도록 고요한 가운데 자리를 비워두다가, 어느 순간 영원의 이치를 깨달으면 더 너그러워졌을지도 모른다. 그 시간에 도달하기도 전 이미 다른 선택에 영혼을 맡긴 것이다. 화톳불처럼 덧없이 타올랐다가 허무하게 사라져버린 무지개였다.

추사 김정희,
〈세한도〉의 길

한국 제주

겨울의 제주는 육지와는 다른 하늘과 바다를 가지고 있다. 여름의 색과 닮았으나 다르며 그렇다고 가을의 정취가 느껴지는 것도 아니다. 동일한 푸른색이어도 가라앉은 고요함이 배어나는 깊은 색감이었다. 해가 바뀌니 세월도 기울고 마음까지 침잠해져 더는 전진할 수 없는 바다가 장벽처럼 느껴졌다. 여기서 털어내고 길을 나서 다시 사물을 보아야 하는데 생각처럼 쉽지 않았다.

신년 초에 닥친 눈보라는 한라산을 넘어 서귀포까지 온통 눈 세상으로 만들었다. 태양이 떠오르면 이내 녹아서 사라질 백색의 허무이긴 해도 보기 드문 일이었다. 아니나 다를까, 어느새 절정의 기세가 꺾이고 세상은 다시 제주 고유의 색으로 돌아와 있었다.

추사 김정희가 귀양살이를 했던 대정마을은 차가운 해풍으로 가득했다. 그 세월에도 불었을 바람은 지금도 여전히 매서웠다. 오 갈 수 없이 고립된 땅에서 지내는 동안 추사의 텅 빈 가슴에서 터져 나온 서체와 그림들은 시대를 넘어 지금까지도 사람들의 감정을 흔들고 있다. 절망의 세계에서 건져 올린 사유이기에 소중했고 아직도 빛이 나는 까닭일 것이다. 그는 임금을 원망하지도, 세상을 탓하지도 않았다. 초가집 귀양살이 하루하루를 정좌하고 신독身毒하며 지나간 세월과 인연들을 생각했을 것이다.

유배지 초당草堂은 세 채로 구성되어 있다. 울타리 밖의 동상과 비석을 지나니 마을 청년들에게 학문과 서예를 가르친 바깥채로 연결되었다. 조선시대 제주로 유배를 간 이들은 200여 명이 넘었는데, 뱃길로 흑산도를 거쳐 대정현으로 흘러들어오면 일단 나갈 수 없었다. 추사는 8년여 동안 이곳에서 지내며 가르치는 일로 세월을 보냈다. 문하에 3천여 명의 선비가 있었는데 그중 특출했던 제자 민규호는《완당김공소전》을 통해 탐라의 인문학이 추사 덕분에 찬란한 기풍을 다졌다고 기록했다.

안채는 대정 주민 강도순의 거처였고, 추사는 맞은편 별채에서 기거했다. 그곳에는 초의선사와 추사 김정호가 나란히 앉아 차담하는 모습이 밀랍인형으로 살아 있다. 해남 대흥사의 주지스님이었던 초의는 추사의 유배 기간 중 6개월 동안 같이 기거하며 그를 위로했다. 초의는 30대에 상경해 수종사에서 추사를 알게 되었고, 제주로 가는 귀양길에 대흥사 현판을 써준 것이 더욱 깊은 인연의 시작이 되었다.

추사의 초당 지붕은 두툼한 새끼줄에 매달린 돌덩이들이 붙잡고 있다. 질서정연한 마름모꼴 간격 사이사이로 더러는 새끼줄마저 끊겨 초가지붕 난간이 바람에 흔들리고 있었다. 화산석으로 둘러쳐진 돗통시(과거 제주에서 돼지를 키우던 화장실)며 물팡(물 저장 시설), 물허벅(물을 담아 나르는 항아리)을 올려놓던 곳들은 원시의 느낌을 소환해냈다. 눌(곡식이나 짚을 쌓아두는 곳)에 들어갔더니, 고개를 숙이고 낮은 자세로 임해야 가능한 공간이었다. 고팡(음식이나 곡식 보관 창고)은 집주인 강 씨가 쓰던 큰 구들 옆이었다. 대문 곁에 그대로 작은 방처럼 남아 있는 소 외양간은 애잔한 정취가 물씬 풍겼다.

모두가 등을 돌린 세상에도 중국 서책이며 필요한 물건들을 챙겨준 제자 이상적의 한결같은 마음에 감동을 담아 그려준 〈세한도〉는 추사관 지하에서 사람들을 만나고 있다. 이상적은 청나라 문인들을 접촉해 책을 구하고 금석문(금속이나 돌에 새긴 기록) 소감을 적어 추사에게 전달했다. 담담한 수묵화 〈세한도〉는 여전히 기품이 넘쳐났다. 안동 김 씨와의 정쟁에서 탄핵을 당해 한양에서 가장 먼 제주 유배 길에 오른 김정희가 위리안치(유배된 죄인이 거처하는 집 둘레에 가시로 울타리를 치고 그 안에 가두어 두던 일)의 기막힌 상황 속에서 만들어낸 것이다. 한겨울 잣나무와 소나무 아래 글을 읽었을 추사의 모습이 연상된다. 세한歲寒은 계절의 절기를 빗대어 마음의 추운 겨울 시간을 의미한다. 한겨울이 지나면 봄이 올 것이라는 염원도 담겨 있다.

〈세한도〉는 지난 세월 여러 명의 손을 거쳤다. 조선 말기 민영휘 손에 들어온 것을 아들 민영규가 일본인 금석문 연구가 후지즈카 치카시에게 팔았다. 1944년, 조선인 손재형이 후지즈카에게 돌려 받았다고 기록되어 있다. 며칠 후 미군 공습으로 후지즈카의 연구소는 잿더미가 되었고, 추사의 나머지 작품 몇 점도 이때 소실되었다. 손재형이 가지고 있던 〈세한도〉는 수집가 손세기 선생이 구입해 국보로 지정된 후 2020년 아들 손창근이 국립중앙박물관에 기증했다. 〈세한도〉의 기구한 이력서다.

추사는 충청남도 예산 출신이다. 스무 살에 첫 번째 부인과 사

⊂ 추사 김정희 초상화

별하고 스물네 살에 생원시(조선시대에 《사서오경》을 시험 보던 과목)
에 급제했다. 둘째 부인 예안 이 씨와 결혼하여 충청도 암행어사,
규장각 대교를 지낸 뒤, 55세에 제주 귀양살이를 거쳐 66세에 다
시 북청 유배 길에 올랐다. 그의 수난은 67세까지 계속되었고, 인
생의 폭풍이 지나간 뒤 추사는 과천 초당에서 71세에 서거했다.
북청 귀양살이의 억울한 누명은 사후 1년 만에 사면복권으로 종결
되었다. 족손 김익환이 《완당전집》을 냈고 그로부터 80여 년이 흐
른 후 2010년 제주 추사관이 완공되었다.

추사의 유품들은 제주의 척박하고 고독한 환경이 준 선물이다. 그는 모든 서체에 능했다. 동양 역사상 최고의 문인 소동파에 비유하는 이유다. 아내에게 보낸 편지에 눈이 아프고 귀도 아프고 갈 곳도 없는 구구절절한 유배의 괴로움을 쓰기도 했다. 그런 아내의 부고에 "놀라고 울렁거리며 얼이 빠지고 혼이 달아나서 마음을 붙들어 매려고 해도 길이 없다"고 쓴 추사의 마음이 처연하다.

그 시간 속에서 자신의 곁을 소나무처럼 지켜준 제자를 빗대어 그린 세한의 시간은 현대에 이르러 건축가 승효상의 손끝으로 되살아났다. 바로 오늘 찾아가볼 추사관이다. 담백하지만 엄숙한 〈세한도〉의 분위기를 그대로 옮긴 듯한 추사관은 여러 번 돌아보아도 질리지 않는 시간의 창고였다. 지하 전시실로 이어지는 계단은 곡행으로 이어졌는데, 추사 김정희의 기막힌 고행과 마음을 밟아보라는 의미의 설계였다.

추사는 먹을 갈아 수많은 글씨를 남겼다. 벼루 열 개에 구멍이 날 정도였고, 붓 또한 천여 개가 닳아 없어졌다. '추운 겨울이 지나고서야 송백의 푸름을 안다歲寒然後知松柏'는 말은 자연의 섭리에서 길어 올린 그의 인생 경구였다. 금석문을 연구하고 모든 서체를 두루 섭렵한 그는 다시 자신의 필체로 돌아갔다. 마치 긴 인생의 여정을 전부 마치고 처음으로 돌아간 듯한 철학적 귀환이었다.

말과 풍습, 기후마저 낯선 유배지에서의 고독과 인고의 세월은 헛되지 않았다. 70년에 걸쳐 김정희에게 탐라의 맑고 깊은 자연은 추사체秋史體라는 정수를 낳게 했다. 그러나 유배의 고독과 비극을

ㄷ 건축가 승효상이 설계한 추사관

떠올리며 찾은 사람들 중에는 소박한 건물을 보고 의아해하는 이
들도 있다. 그 반응에 추사관을 설계한 건축가 승효상은 이렇게 말
했다. "건축은 시대를 증언하고 장소를 증언한다. 땅이 갖는 터무
니를 새로 만들어 후대에 물려주는 것이 우리의 임무다." 유배는
본래 절망의 시간이다. 그러나 그 땅에서 추사는 희망을 놓지 않
고 신독하며 정진했다. 그 이야기가 이곳의 터무니 깊게 새겨져 있
었다.

추사는 토종 수선화를 좋아했다. 흰 꽃받침에 금색 잔이 올라간
듯해서 금잔옥대라고도 부른다. 유배지 근처 사방에서 솟아난 수
선화는 다양한 수묵화의 배경이 되었다. 제주 사람들은 수선화를

몰마농(말이 먹는 마늘)이라 해서 뽑아냈는데, 이를 본 추사는 "사람이나 식물이나 때와 장소를 잘못 만나면 이렇게 괄시를 받는구나"라며 한탄했다.

엄동의 끝은 아직 멀었는데 질서를 잃어버린 계절은 벌써 추사가 사랑했던 수선화를 돌담 사이로 밀어 올리고 있었다. 겨울의 절망이 봄의 희망으로 따스하게 비상하는 중이었다.

고요한 바다 같은 추상,
아그네스 마틴

한국 강릉

인간의 고백은 가슴을 울린다. 영화나 활자로 포장된 문답에서도 진실한 마음은 통한다. 스스로를 고립시킨 화가 아그네스 마틴^{Agnes Martin}이 그랬다. 오래된 그녀의 대담 영상은 내게 묵직한 고요를 느끼게 했다. 흔들리는 눈동자와 어눌하지만 천천히 토해내는 고백, 주름진 손에 들려진 그림 도구들이 모두 깊은 예술의 세계를 향하고 있었다.

태양이 강렬한 계절에 만난 강릉시립미술관 솔올의 전시는 가슴을 일렁이게 했다. 선과 여백으로 우주를 대변하고 인간의 마음을 옮겨 놓은 대작들은 쉽게 만날 수 없는 기회였다. 캐나다 출신의 미국 화가 아그네스 마틴은 옅은 모노크롬(한 가지 색만 사용하여 그린 그림)과 격자무늬 수평선으로 인간 현실 너머의 초월적이고 정신적인 세계를 그려냈다. 그 고요한 화면은 단순하면서도 수려한 아름다움을 지니고 있었다.

세상은 그녀를 미니멀리스트로 표현했고, 스스로는 추상표현주의자의 자세를 버리지 않았다. 마틴은 캐나다 서스캐처원에서 태어나 미국으로 이주했고, 시민권을 얻은 뒤 컬럼비아대학교를 졸업했다. 교사가 되어 초기 정물과 풍경 같은 전통적 회화를 탐구하다 생태적 추상으로 시선을 돌렸다. 마크 로스코Mark Rothko의 숭고한 색에 이끌렸던 마틴은 기독교 바탕 위에 노장사상(무위자연을 도덕의 표준으로 하고, 허무를 우주의 근원으로 삼는 노자와 장자의 사상)과 선禪의 세계까지 동양적 사고에 심취했다. 대중들이 흔히 알고 있는 그녀의 기하학적인 구상은 뉴욕 이주 뒤에 몰입한 세계였다.

나는 세상을 그리지 않는다. 세상은 다른 이들이 다 그리고 있다. 내가 세상을 등지고 그림을 그리는 이유다. 미묘한 감정들과 이유 없는 것들, 추상적 답변으로 모두의 삶이 생각보다 방대하다는 이해로 다가선다.

– 아그네스 마틴

그녀의 고백은 가슴 밑바닥에 잠겨있던 나의 감정을 일깨우는 도구가 되었다. 눈동자에 삶의 우수가 가득 담긴 할머니의 그림 속으로 들어가고 싶은 충동을 느꼈다. 마틴이 86세 때 작업실에서 말한 "내 인생은 이미 늦었다. 오랫동안 작업했다. 그리고 지우고,

그리고 지우고, 또 그리고 또 지우고의 반복이었다"는 고백처럼 단순한 선에서 시작해 추상화의 진실로 엮어진 털실 같았다.

작품 세계가 정립되기까지는 오랜 세월이 걸렸다. 마틴은 네 살 때 부친이 죽은 뒤 캐나다를 떠났는데, 고향을 떠나는 기차가 벌판을 오래 지나가는 기억을 평생 간직하며 화폭을 대했다. 젊은 날 그녀는 애써 그린 작품들을 연말마다 모두 태워버렸다. 화폭의 철학이 정리되지 않은 시기의 불안이었다. 모닥불을 피워 놓고 타들어가는 그림의 연기 속에서 20년을 지냈다.

그때 텅 빈 마음으로 하늘을 바라보는 시선 끝에 작은 영감이 떠올랐다. 격자무늬였다. 선과 선이 교차하는 단순함 속에 모든 것이 담겨져 있음을 깨닫기까지 미로의 여정이었다. 대형 캔버스를 오로지 격자로만 채워 넣은 〈나무〉 시리즈는 뉴욕 현대미술관 MoMA의 전시로 처음 관람객들과 만나게 되었다.

분주하고 바쁜 뉴욕 생활은 결국 내면의 혼란으로 이어졌다. 예술이란 무엇인가에 대한 회의로 불면의 밤을 보내면서 방황했다. 탈출이 필요했던 마틴은 광활한 대지 뉴멕시코로 이주해 텅 빈 땅의 한가운데 버려진 생명처럼 살았다. 차이가 없는 작업, 가로선을 고집하면서 보낸 나날들이었다. 너무 단순하고 평범해서 누군가는 이상한 작업으로 볼 수도 있었지만, 마틴은 자신의 머릿속을 지켜보고 있으면 영감이 떠올라 그리고 또 그렸다. 처절하게 안으로만 파고 든 인생이었다.

마틴은 "우리 집 바닥의 고요함은 세상 모든 것의 답변이다"라고 말했다. 뉴멕시코 평원을 담아낸 가로선 풍경도 아니고, 그 어떤 것도 아닌 그림들에 의미가 있다는 결론에 도달하기까지 참선의 경지를 지나야 했다. 정사각형은 너무 정형이고 공격적이라 느껴 그것을 피하려고 선과 격자의 대립에 몰두했다. 오히려 자연 속에서 자연을 그리지 않아 장소와 무관하게 살았다. 격렬한 고독 끝에 격자무늬를 만났고 격자의 부호로 선 느낌이었다.

그녀는 미니멀리즘을 택하며 모든 작품은 이름 대신 숫자로 쓰자고 스스로와 합의했다. 배열을 포기해야 무한한 공간을 얻는다는 생각으로, 감정이 그림에 기록된다고 믿고 붓질했다. 동시대의 추상과 화가 잭슨 폴록이나 마크 로스코 그림과는 다르지만 텅 빈 생각이라는 공통점이 있다. 지적 능력은 사실과의 투쟁이라 그 바탕에서 추론하지만 인생은 추측이다. 기본적으로 알 수 없는 부정확의 세계다.

마틴은 아이디어를 떠올리지 않으려 노력했다. 그래야 영감이 오기 때문이다. 인생의 진실이 배어나는 부분들이다. 반복은 누구나 가능하다. 새로운 것을 하려면 영감이 필요하고, 창조는 영감의 원천이다. 삶이 나에게 뭘 원하는지 알아야 한다. 진취적 열망보다 부드러움을 가지면 더 많은 것을 얻어낸다. 사람들이 동의할 수밖에 없는 마틴의 생각들이다.

가로선을 그릴 때 마틴은 캔버스를 세로로 세워두고 붓을 움직였다. 그 모습이 이상하리만치 인상적이었다. 세월에 패인 주름과 깊어진 눈동자 속에서 오래된 사유의 시간이 느껴졌다. 그는 삶도 그림과 같다고 말하곤 했다. 칠한 물감이 이미 말랐는지, 아직 젖어 있는지 알 수 없는 것처럼, 우리의 삶 역시 완성되었는지 아닌지 쉽게 판단할 수 없다는 것이다. 그래서 그는 무엇이 옳고 좋은지 서둘러 결정하지 않았다. 보이지 않는 것을 억지로 해석하지도 않았다. 영감이 오지 않을 때면 그저 기다렸다가 그래도 떠오르지 않으면 잠을 잤다. 잠에서 깨어 정신이 영롱해지면 어느 순간 생각이 떠오른다고 했다. 그때 발견되는 아름다움이야말로 삶의 진실이라고 믿었다. 그것은 시선이 아니라 마음속에서 발견되는 것이다. 완벽한 하늘, 풀밭을 스치는 바람, 서서히 다가오는 어둠. 그는 그 모든 것이 서로 다른 종류의 행복이라고 말했다.

마틴은 신비주의자가 아니다. 자신만의 생각은 있지만 일상의 경험과 아름다움에 반응하며 늘 겸손하려 노력했다. 인간은 옳은 일과 그른 일을 모두 할 수 있는 존재이며, 삶의 마지막에는 결국 공허가 남는다고도 말했다. 그래서 그는 사랑과 행복 같은 추상적인 감정을 소중히 여겼다. 날마다 긍정적인 방향으로 나아가려 했고, 부정적인 선택은 자신뿐 아니라 다른 사람에게도 부담을 준다고 생각했다. 좋아하는 그림만 보며, 인생은 결국 즐거운 것들에 시간을 쓰는 일이 중요하다고 믿었다. 이러한 사고의 틀이 그녀만의 독특한 격자무늬 화풍으로 정립되었다.

그녀는 늘 기준선 아래로 내려가지 않기를 고수하며 살았다. 선아래에는 온갖 종류의 우울함과 불편함이 존재했기 때문이다. 동시에 자신의 실수를 탐구하는 과정 속에서 삶의 진실을 배울 수 있다고 믿었다. 화면 위에 겹쳐지는 선들은 미세한 차이를 드러냈고, 그 선들은 제자리에 있으면서도 내 시야를 넘어 전시장 바깥으로 끊임없이 어디론가 이동하고 있었다.

옅게 채색된 화폭 위에 놓인 촘촘한 격자무늬는 마치 있음과 없음의 경계처럼 보였다. 단색의 유화나 아크릴 물감으로 칠한 바탕 위에 연필로 가느다란 선을 긋고, 그 위에 무수한 점들을 찍어 내면의 사색을 끌어내고 있었다. 희미한 연필 선이 그대로 드러나는 수평선과 분홍, 파랑, 청회색의 파스텔 톤으로 채워진 화면은 은은하고 명상적인 분위기를 자아냈다. 그 작품들은 그 자체로 감동이었다.

격자무늬는 정신세계를 들여다보고 정확하게 그것들을 화면에 채워가는 기법이다. 마틴은 건강이 악화되어 양로원 생활을 시작한 이후에도 매일 작업실을 찾았다. 몸이 쇠약해지면서 그림의 규모는 점차 작아졌지만, 가장 빛나고 아름다운 작품들은 오히려 생애 마지막 순간에 그려졌다. 임종하는 날까지 붓을 들었다는 기록은 예술에 대한 집념과 숙연함을 느끼게 한다.

그런 마틴의 삶을 담은 다큐멘터리 영화《세상을 등지고》를 보았을 때 가슴이 뜨겁고 환해졌다. 나는 그녀의 작업실에서 촬영된 그 영상을 두 번이나 침묵 속에서 지켜봤다. 한 사람의 노년과 예술의 깊이가 그 안에 가지런히 담겨 있었다.

내 그림에는 사물도 공간도 선도 아무런 형태도 없다. 내 그림은 빛이고, 가벼움이며, 서로 스며드는 감각이고, 무정형이다. 그래서 나는 형태를 무너뜨린다. 당신은 바다를 보면서 어떤 형태를 떠올리지 않는다. 마주치는 그 무엇도 없어야 그 안으로 들어갈 수 있다. 사물도 방해도 없는 세계. 그것은 바다를 보려고 텅 빈 해변을 가로지르듯 시야 속으로 직행함을 받아들이는 일이다.

－ 아그네스 마틴

아그네스 마틴의 작품을 보기 위해 찾은 곳이 강릉의 솔올미술 관이었다. 솔올미술관은 독특한 공간이다. 무엇보다 흰색의 선택 이 그랬고, 소나무 그늘 속에 서 있는 모습이 그랬다. 미술관 주변 에는 소나무가 많았다. 오랜 세월 동해안에서 밀려드는 해풍을 막 아주는 방풍림이 필요했기 때문이다. 미술과 건축, 자연이 하나 되 는 자리에서 솔올미술관은 단정하고 우뚝한 모습으로 서 있었다. 프리츠커상을 받은 건축가 리처드 마이어가 설계한 외관과 실내 구조 디자인은 내내 시선을 붙잡았다.

그곳에서 아그네스 마틴의 전시는 '아그네스 마틴: 완벽의 순 간들'이라는 이름으로 선보여지고 있었다. 이태원의 리움미술관 과 오사카 국립국제미술관, 뉴욕 휘트니미술관과 더 페이스 갤러 리 등이 협업한 전시는 깊이와 무게를 다 채우고 있었다. 한국 미 술의 위상이 높아진 것도 이런 전시를 가능하게 한 이유일 것이다.

나는 작품들 앞에서 아무 말도 할 수 없었다. 완벽한 침묵 속에 서 느껴지는 내면의 울림으로 충분했다. 어떤 생각도 떠오르지 않 게 만드는 그림 앞에서 순수한 감각만이 반복적으로 마음을 흔들었다. 절제된 완벽함과 종교적인 분위기까지 느껴지는 대작들을 한꺼번에 마주한 벅찬 오후였다. 명상에서 오는 영감을 그림으로 옮기며 자신만의 이미지를 찾아가는 작업은 인간이 태어나 방황을 거듭하다가 마침내 자아를 발견해가는 지난한 수행처럼 보였다.

예술은 결국 인간의 가슴에서만 이루어진다. 쉽거나 가까운 길을 택해서는 예술에 닿을 수 없다. 기억 또한 그렇다. 어제까지 선명했던 기억도 어느 순간 망각의 방향으로 흘러간다. 흘러가며 깨지는 기억은 오히려 더 선명해지기도 한다. 아그네스 마틴의 그림 역시 그렇다. 화면 위의 가느다란 선과 희미한 색들은 무엇을 설명하려 하지 않는다. 대신 보는 사람의 마음속에 조용히 스며들어 각자의 기억과 감정을 불러낸다. 그곳에서 우리는 지옥의 천국을 만들기도 하고, 천국의 지옥을 만들기도 한다.

벽은 존재할지도 모른다. 틀림없이 어떤 형태로든 존재하고 있을 것이다. 그러나 그것은 분명하게 드러난 벽이 아니라 대상에 따라 형태를 바꾸는 유연한 벽이다. 그 벽은 무생물이 아니라 살아 있는 생명체처럼 심연에 존재한다. 그것을 통과해 길어 올린 영감은 오랜 생명력을 얻어 예술이라는 이름으로 남고, 많은 사람들에게 감정의 교집합을 선사한다.

마틴은 늘 소녀 같은 눈으로 세상을 바라보았다. 어떤 느낌이 찾아오면 그대로 밖으로 뛰어나가고 싶었고, 참을 수 없을 만큼 막연한 뜨거움이 차오르면 그것을 쏟아내기 위해 스스로 고독의 심연으로 들어갔다. 혼자일 수 없다면 예술가가 될 수 없다는 신념을 끝까지 지켜냈다. 자연에 응답하는 시간은 그녀의 일생에서 최고의 순간이었다. 세상을 어느 정도 살아보고 언젠가 닿게 될 운명의 종점을 아는 사람들이라면 누구나 느낄 수 있는 공통의 언어일 것이다.

칼레의 시민

미국 뉴욕

백년전쟁은 프랑스의 왕위 계승 문제가 발단이 되어 영국과 프랑스 사이에 벌어진 충돌이다. 영국의 국왕 에드워드 3세는 1346년 크레시 전투에서 프랑스군을 격파한 뒤 여세를 몰아 도버해협에 위치한 도시 칼레로 진격했다. 영국에서 바다를 건너 가장 가까운 도시 칼레는 식량 보급로가 끊긴 채 포위된 상태로 무려 11개월을 버텼다. 작은 성이었기에 며칠이면 끝날 전투로 여겨졌지만, 도시는 거의 1년에 가까운 시간 동안 완강히 버텨냈고 에드워드 3세의 심기는 몹시 불편해졌다.

하지만 1347년, 식량이 바닥나고 전염병까지 나돌자 칼레는 저항을 포기한 채 항복 의사를 전달했다. 적군의 왕 앞에 선 항복 사절단은 시민들의 목숨만은 살려달라고 애원했지만, 완강한 저항에 분노한 에드워드 3세는 도시를 쑥대밭으로 만들고 시민들을 몰살하려 했다. 이때 한 신하가 나서서 아뢰었다. "폐하, 통촉하시옵소서. 우리는 이제 프랑스 본토에 발을 디뎠고 앞으로 함락시켜야할 수많은 도시와 성이 있습니다. 항복을 청해온 칼레 시민들을 몰살했다는 소문이 퍼지면 나머지 성들은 죽을 각오로 저항할 것입니다. 부디 자비를 베푸셔야 합니다."

신하의 말을 들은 왕은 잠시 생각에 잠겼다가 한 가지 조건을 내걸었다. "그렇다면 칼레의 지체 높은 시민 여섯 명이 맨발에 속옷만 걸치고 목에 밧줄을 감은 채 성 밖으로 걸어 나와 성문 열쇠를 바친다면, 이들 여섯 명을 교수형에 처하는 대신 시민들은 모두 살려주겠다."

시민들은 대혼란에 빠졌고, 숙의를 거듭하며 우울한 시간이 지속되었다. 누가 죽음으로 가는 길에 선뜻 나설 수 있겠는가? 인간의 용렬함과 나약함 앞에서 서로 시선을 피한 채 피말리는 시간을 흘려보냈다. 바로 그때 한 사람이 손을 들고 천천히 일어났다. "내가 여섯 명 중 하나가 되겠소." 칼레에서 가장 부유한 외스타슈 드 생 피에르였다. 그의 뒤를 이어 시장, 법률가, 학자 등 일곱 명이 동참했다. 이들은 왕의 요구대로 여섯 명을 정하기 위해, 누구 한 명을 빼야 할지 다시 고통스러운 시간을 보내야 했다. 제비뽑기를 제안했으나 최초 지원자인 생 피에르가 반대했고, 그는 다음 날 가장 늦게 나오는 사람을 제외하자고 제안했다.

다음 날, 아침 한 사람이 나타나지 않았다. 생 피에르였다. 군중들이 허탈감에 빠졌을 때 급보가 전해졌다. 생 피에르가 집에서 자살했다는 소식이었다. 남겨진 여섯 명의 시민 대표는 칼레 성에서 에드워드 3세의 진지로 향했고, 성문 안에 모인 사람들은 통곡하며 이들의 이름을 불렀다. 눈물 속에 사라져 가는 여섯 명의 뒷모습을 바라보며 시민들은 극도의 공황 상태에 빠졌다.

이때 기적 같은 반전이 일어났다. 임신 중이었던 왕비 에노의 필리파가 장차 태어날 아기를 생각해 그들을 살려달라고 간청한 것이다. 결국 왕은 이들을 죽이지 않았고, 동시대 프랑스 작가 장 프루아사르는 사건의 전 과정을 연대기로 기록했다.

그로부터 500년이 지난 1884년, 조각가 오귀스트 로댕^{Auguste Rodin}은 위대한 칼레 시민 6인의 모습을 형상화해 달라는 의뢰를 받는다. 프랑스는 당시 프러시아와의 전쟁 패배로 분위기가 침체되어, 국민들의 자긍심을 높이기 위해 여러 도시에 기념 동상을 만들던 시기였다.

칼레의 사연은 로댕을 감동시켰다. 로댕은 10년의 세월을 이 작품에 바쳤고, 1895년 완성된 청동상은 죽음을 향해 적진으로 걸어 나가는 여섯 시민의 모습을 담고 있다. 독일의 대표적인 표현주의 극작가 게오르크 카이저는 로댕의 작품에서 영감을 얻어 희곡 《칼레의 시민》을 쓰기도 했다.

이후 여섯 명의 용기와 희생정신은 높은 신분에 따르는 도덕적 의무, 즉 노블레스 오블리주의 상징으로 전 세계인들에게 회자되고 있다. 또한 영국 도버에서 프랑스 노르망디 서쪽의 작은 항구

칼레까지 잇는 바닷길은 아픈 역사를 뒤로 한 채 50킬로미터의 해저터널로 연결되어 유럽의 명물이 되었다.

10년 전 나는 미국 출장길에 뉴욕 메트로폴리탄 미술관에 들렀다. 때마침 신의 손으로 알려진 로댕의 작품전이 한창이었다. 아시아 전시관과 한국관을 돌아본 뒤, 오랫동안 가슴에 두었던 조각상 〈칼레의 시민〉 앞에 섰다. 가장 먼저 죽음을 신청한 외스타슈 드 생 피에르의 의연한 표정이 눈에 들어왔다. 죽음의 공포로 반쯤 풀린 그의 손을 어루만져 보았다. 항복했다는 굴욕감, 그럼에도 시민들의 목숨만은 건지게 되었다는 안도감, 가장 부자인 자기가 목숨을 내놓아야 한다는 사명감 등이 절묘하게 표현되어 있었다.

조각상 주변을 몇 바퀴 더 돌다가 성문 열쇠를 쥐고 있는 법률가 장 다이르의 강직한 표정을 다시 보았다. 비록 성은 빼앗겼지만 정신만은 지키려는 단호함과 결연함이 절절했다. 그 옆에 죽음을 자원하고도 공포에 떠는 앙드리외 당드레의 인간적인 모습은 가장 오랫동안 나의 시선을 붙잡았다. 죽음을 초월한 것이 아니라 우리처럼 똑같이 죽음을 두려워하는 모습, 그렇지만 극도의 공포를 무릅쓰고 노블레스 오블리주를 실천하려는 그 용기에 존경과 경의를 보내지 않을 수가 없었다.

자만심과 특권 의식에 매몰되어 낮은 곳을 외면하는 이들이 〈칼레의 시민〉 앞에 서서 그 의미를 가슴속에 새겨보았으면 한다. 위장 전입과 부동산 투기를 아무렇지도 않게 생각하고 살아온 고위

○ 〈칼레의 시민〉청동상

직들, 자식을 위해 온갖 편법을 동원하고, 자리싸움으로 밤을 지새우는 이 시대의 리더들이 꼭 봐야 될 작품이다.

　세월이 흐르고 시대는 바뀌었지만 그때나 지금이나 높은 신분에 따르는 희생정신과 도덕성은 시공을 초월하는 세상의 화두다. 문명의 발전은 눈부시게 질주하는데 몸가짐과 지혜는 옛사람들만 못한 이유가 무엇일까.

고대인의 눈으로 보는 태양, 에노우라 측후소

일본 사가미만

에노우라 측후소는 도쿄에서 기차로 두 시간 거리의 가나가와 오다와라에 자리한 건물이다. 이곳은 발아래로 그려지는 해양 풍경만으로도 압도적이다. 귤밭 언덕 위에 공들여 빚어낸 테마 공원에서 나는 '일생을 건다'는 말이 어떻게 현실이 되는지를 보았다. 단하나의 작품을 남기기 위해 혼신의 노력을 다한 끝에 오는 희열은, 아마도 비교할 수 없는 극치의 경지였을 것이다.

다듬어진 돌들이 펼쳐진 축제의 마당을 지나 메이게쓰몬 안으로 들어섰다. 1,300년 전 무로마치 시대에 지어진 이 문은 도쿄 네즈미술관에서 이곳으로 옮겨온 것이다. 현대 문명이 멸망하더라도 하나의 고대 문명처럼 남을 공간을 목표로 지어졌다는 설명처럼, 이곳의 모든 것은 하나의 문명적 암시처럼 다가왔다.

인공적으로 건축된 긴 통로는 가파른 언덕을 가로질러 바다의 수평선과 눈높이를 맞추고 있었다. 반대편 출구에서 돌아보니 지나온 입구의 빛이 아득했다. 통로 양쪽에는 수평선만 골라 찍어온 집념의 사진들이 가득 걸려 있었다. 물결과 수면의 형상이 사진 속에서 화려한 모티브로 되살아나 나에게 걸어오는 듯했다. 침묵의 바다, 만상을 덮고 가는 수평선의 세계는 가늠할 수 없는 영적 공간처럼 느껴졌다.

지하 통로의 반대편으로 나가니 허공이 펼쳐졌다. 돌 구조물들이 삼각의 편대를 이루며 놓여 있었고, 그 배치는 잊힌 문명의 암호처럼 보였다. 몇 년 전 나오시마 베네세하우스뮤지엄에서 보았던 사진전의 감동을 넘어서는 순간이었다.

에노우라 측후소는 고대인의 천문 관측 정신을 현대건축으로 되살린 복합 예술 공간이다. 네부카와 무인역에서 내려 예약된 셔틀버스로만 이동할 수 있다. 다양한 일본식 건축양식이 입체적으로 병존하는 자연 갤러리는 푸른 바다를 품고 있었다. 귤밭은 예술 공간으로 재탄생되었고, 그 자체로 하나의 문화적 성지가 되었다.

에노우라 측후소를 만든 세계적인 사진작가 스기모토 히로시는 예술의 깊이를 집요하게 탐구해온 인물이다. 그의 작업을 관통하는 주제는 역사와 존재의 일과성이다. 경험주의와 형이상학적 사유를 통해 동서양을 잇고, 시간의 성질과 인간의 지각, 의식의 기원 같은 흐름들을 끈질기게 붙들어왔다.

ᑕ 에노우라 측후소　　"Enoura Observatory" ⓒKenta Mabuchi (CC BY-SA 2.0, Edited)

　그는 어릴 때 가파른 해안선을 달리는 터널에서 도쿄 서쪽 이즈 반도 앞바다 사가미만의 풍경을 보았다. 그는 이 경험이 자신에게 '내가 있다'는 사실을 일깨워준 계기였다고 회고한다. 이 잊을 수 없는 기억이 에노우라 측후소라는 공간으로 현시되었다. 바다의 일출과 파도, 안개의 현상으로 그날의 일기日氣를 가늠했던 시대의 이야기를 전하는 장소다. 삶의 조건인 자연환경의 변화를 읽어내 던 장소이기에 '측후소'라는 이름이 붙었다.

하코네 외륜산을 등지고 사가미만을 내려다보는 경사진 곳에서 더 멀리 태평양을 바라보고 있으면 이 세상이 아닌 듯한 평화롭고 신비한 영감이 차오른다. '시간은 무엇인가?', '우리를 둘러싼 본질은 무엇인가?' 반세기 넘게 그가 집착해온 관심사였다. 〈흑백사진〉 연작은 사진이라는 매체가 시간을 포착하는 여러 가능성을 간결하지만 밀도 있게 묻고 있다.

스기모토는 에노우라 측후소를 '세상과 우주, 그리고 자신과의 거리를 측정하는 장소'로 정했다. 회랑 갤러리의 사진 작품을 따라가다 보면 바다와 연결된다. 긴 통로 갤러리는 낮이 가장 길고 밤이 가장 짧은 하지에 해가 뜨는 방향을 따라 건축되었다. 하지 아침, 해가 떠오르면 통로 전체가 붉은 빛으로 가득 채워진다. 그래서 이 갤러리를 '하지광요배夏至光遙拜'라 부른다.

고대부터 매일 떠오르는 태양은 내일이 온다는 약속이다. 절기를 알려주는 빛은 다음을 준비하라는 신호였다. 인간은 하늘을 바라보고 태양을 확인하면서 자신의 존재를 느끼고 거대한 순환에 몸을 맡겼다. 그 속에서 고대인의 눈으로 태양을 바라보는 측후소 풍경은 따뜻한 위안이 되어주었다. 자연의 순리대로 정진하라는 지혜의 신호처럼 느껴졌다.

고대인들이 의식을 가지면서 끝없는 허공 속에서 자신의 위치를 가늠해보기 시작했다. 동시에 태양 관측이 예술의 기원으로 자리 잡은 시기다. 동지는 새로운 생명의 시작을 알리는 때이고 하지는 중요한 반환점이다. 춘분과 추분은 하늘의 태양이 수평을 이루는 순간이다. 빛은 미래로 통하는 실마리를 제공했고, 인간은 계절의 지식을 모아 환경에 적응하는 지혜를 쌓아갔다.

동지에 갈까, 하지에 갈까 망설이다 결국 나는 하지에 이곳을 찾았다. 요배遙拜는 멀리 떨어진 곳에서 참배한다는 일본 토속신도의 개념이다. 통로 같은 100미터 갤러리 반대편은 동지광요배수도다. 마치 지하 무덤으로 들어가는 듯한 분위기였다. 석조 터널이 끝나는 지점에서 바다가 펼쳐졌다. 겨울이 끝나는 곳, 죽음에서 재생으로 생명의 길이 시작된다는 의미일 것이다.

태양빛을 느끼도록 설계된 측후소는 엄숙한 신사神社와도 같았다. 동지, 하지, 추분, 춘분에 맞추어 태양을 관측하는 행사가 진행된다. 요배 앞에 설치된 광학 유리 무대는 교토의 기요미즈테라(청수사) 무대와 같은 크기로 설치되었다. 동지 아침에 이 무대에 태양빛이 내려앉는 형태다. 또한 대나무와 귤밭 산책로에는 스기모토가 수집해온 유물과 작품들이 함께 전시되어 있다. 쥐라기의 암모나이트 삼엽충과 일본 고대 조몬기의 돌칼도 볼 수 있다.

석조 사면을 지나면 작은 다실 우초텐이 나타난다. 16세기 다도 거장 센노 리큐의 다실과 비슷하게 만들어진 공간이다. 양철 지붕에 떨어지는 빗소리를 들으며 마시는 차 한 잔의 의미는 끝없는 상상을 불러일으킨다. 우초텐을 지나 붉은 신사 너머로 광활한 사가미만이 한눈에 들어왔다. 기차가 터널을 빠져나올 때 소년 스기모토가 보았던 그 바다였다.

⊂ '보름달'이라는 뜻의 메이게쓰몬

〈바다〉 연작은 대양과 수평선을 하나로 이어주는 하나의 고리처럼 보인다. 사진이라는 인위적 매체와 자연의 형상이 침묵 속에서 만나는 선이 바로 수평선이기 때문이다. 그가 흑백을 고집하는 이유 역시 색을 지워냄으로써 예술적 긴장과 원시적 소통의 여백을 남기기 위해서다. 그중 그리스 에게해를 찍은 검은 바다 사진은 압권이었다. 흑백의 이중구조가 만들어내는 다양한 질감이 나의 내면을 두드려 깨웠다.

교토 교세라미술관에서 본 스기모토의 개인전 〈유리의 정토〉도 기억에 선명하다. 고대부터 사람들의 마음을 사로잡아온 유리와 렌즈, 그리고 사진으로 이어지는 광학 물질의 마력이 주제였다. 투명한 유리는 인간이 오랫동안 갈망해온 정토淨土를 상징한다. 1970년대부터 대형 카메라를 이용해 차원 높은 기술과 독창적 시각으로 제작한 사진들은 그를 세계적 반열에 올려놓았다.

뉴턴의 과학적 발견 이후 한 세기가 지나서야 카메라가 발명되었다. 빛의 성질에 대한 초기 연구가 사진 기술로 이어진 것이다. 화가는 물감으로 감정을 드러내고, 사진가는 빛으로 자연의 대상들을 변모시킨다. 스기모토는 카메라를 통해 색의 원천인 빛을 추적했고, 구상이 아닌 추상으로 수평선을 파고들었다. 이곳에서 관측하는 것은 계절이 아니라 태양이 주제였다.

수평선을 찍은 수많은 사진 가운데 동일한 물결은 하나도 없이, 모두 다른 수평을 만들어내고 있었다. 같은 앵글이라도 자세히 들여다보면 미세한 떨림들이 감지된다. 사진은 현재를 찍지만 그 순간은 찍히는 즉시 과거가 된다. 이것이 사진의 이상한 변증법이다. 아무리 새로운 순간도 사진에 찍히는 순간 역사적 기록이 된다.

이 언덕에서 현자가 되는 법은 스스로 적막을 생각하는 것이다. 우수에 젖어 바다를 바라보면 마음이 평화롭고 고요해진다. 해의 움직임이 더해지면 한층 더 너그러워진다. 깊은 심연에서 길어 올린 본능적인 노스텔지어 때문인지도 모른다. 언어나 색으로 표현할 수 없는 다른 세계의 진동이 전해져 온다.

인간의 몸 또한 결국 사라지는 물질이다. 우리는 잠시 한자리에 모여 어울릴 뿐이다. 그렇다면 모두 사라져버리는 무의 경지를 넘어서는 영원의 화두는 무엇일까? 변화일지도 모른다. "모든 것이 변한다." 그것만이 마지막 진리일 것이다.

동쪽에 돋는 해 같은 달, 서쪽에 지는 달 같은 해. 무수한 연결점들이 나를 또 다른 세계로 이끌어갔다. 이제 분산된 시선을 모으고 길을 떠날 시간이었다. 도쿄의 도심지 속으로, 그리고 다시 속세와 피안이 공존하는 서울로. 문명의 속도와 생의 시간과 그것들을 정의하는 숫자들이 춤추는 곳으로의 귀향을 위해서였다. 방문객으로 들렀지만 에노우라 측후소를 떠날 때 나는 이미 경건한 순례자가 되어 있었다.

5부

음식으로 걷다

시간은 쉼 없이 달아나는 것,
오늘 미소 짓고 있는 이 꽃도 내일이면 시들어버린다네.

_ 로버트 헤릭

나파밸리의
명품 와인

미국 캘리포니아

⊂ 나파밸리 포도밭

캘리포니아의 하늘은 청명했다. 그 하늘 아래, 샌프란시스코 시내를 벗어나 달리며 지나가는 계절을 만났다. 봄이라 하기에는 조금 늦고 여름이라 하기에는 조금 이른 때였다. 봄은 세상이 감각적인 빛을 되찾는 시간이다. 꽃이 그리웠던 이의 굶주린 갈증을 풀어주기도 한다. 나 또한 봄꽃을 찾아 나선 길목의 자연은 어느새 여름 채비로 분주했다. 그 공기를 따라 샌프란시스코만에서 북쪽을 향해 달렸다. 다가왔다가 멀어지는 산타크루즈산맥의 광활한 풍경 끝에 기다리던 나파밸리가 있었다.

나파밸리는 미국 와인 산업의 심장부다. 버클리를 지나 세인트헬레나 로드에 들어서자 양편에 수많은 와이너리가 산재해 있었다. 이곳을 오늘날 와인 순례지로 만든 선구자는 로버트 몬다비 Robert Mondavi였다. 유럽을 제치고 와인의 신세계를 열어준 주인공이다. 그는 가난한 이탈리아 이민자였던 아버지 체사레 몬다비를 이어 나파밸리를 세계 최고의 와인 성지로 일궈냈다.

로버트 몬다비는 스탠퍼드대학교 재학 시절 양손에 와인을 들고 시음을 권하며 샌프란시스코 시내 식당들을 전전했다. 포도의 세계를 이해하고 가문의 와인을 알리기 위한 노력이었다. 이후 몬다비는 동생 피터와의 갈등으로 갈라섰고, 1966년 늦은 나이에 다시 와이너리를 창립했다. 와인을 향한 그의 집념은 이때부터 빛을 발하기 시작했다.

로버트 몬다비는 나파 와인의 판을 통째로 바꿨다. 와인의 품질을 높이기 위해 온도 조절이 가능한 스테인리스스틸 탱크를 처

⊂ 오퍼스 원 와이너리 입구

음 도입했고, 프랑스에서 비싸게 취급되는 저온 발효를 추진했다. 나사 NASA에서 기상정보를 받아 포도나무 병해충 연구에도 매진했다. 또한 브랜드를 알리기 위해 와이너리 투어를 고안했고, 와인 병 라벨에 포도 품종을 표시하기 시작했다. 그렇게 최고를 향한 열정과 집념이 명품 브랜드 '오퍼스 원'으로 완성되었다.

나파밸리의 명소 로버트 몬다비 와이너리를 한 바퀴 돌아본 뒤, 건너편 오퍼스 원 와이너리로 자리를 옮겼다. 연분홍색 화강암 정문부터 격조가 넘쳤다. 일직선 진입로 끝에 놓인 정면의 본관 건물은 웅장했고, 좌우 사선으로 떨어지는 건축 구조는 깊이를 더하고 있었다. 꽃이 저지른 기억과 집요한 계절 냄새로 가득한 정원을 지나 본관 건물로 들어섰다.

들어서자마자 와인 한 모금을 마셨다. 나는 와인을 마시면 꿈을 꾼다. 그 꿈은 나를 의식과 무의식의 경계로 데려다주곤 한다. 꿈의 부표는 경계면에 반쯤 드리운 채 깃발처럼 흔들린다. 의식과 무의식이 상응하니 밖의 현상을 수용하거나 내부의 정서를 밀어내기도 하고, 외부의 바람 소리를 듣다가도 가끔은 내면의 모습이 독백처럼 흘러나온다. 그리고 꿈속에서 또 다른 꿈을 꾸다 깨면, 날아가버린 꿈의 조각들을 붙잡고 허망해 하기도 한다. 술이 약한 나의 와인 마시기 패턴이다.

아직 허망함이 찾아오기에는 일러, 한 잔을 마저 음미하고 두 번째 잔을 들었다. 술 반, 공기 반을 섞어 이 세상을 마시는 기분이었다. 프랑스 사상가 미셸 드 몽테뉴가 평생 동안 집필했던 《에세》의 감정처럼 황홀했고, 지나온 술잔들과는 비교할 수 없을 정도의 격조와 설렘이 한꺼번에 몰려들었다. 왼쪽으로 지나가는 나파밸리의 바람이 들풀들을 일제히 눕혔다. 그리고 오른쪽에서 내려오는 소노마밸리의 바람은 누웠던 들풀들을 다시 일으켜 세웠다. 햇살이 오후로 접어들 때까지 나의 와인 놀이는 계속되었다. 취기가 오르자 신비의 혀로 알려진 와인 애호가 페르시아 시인 하피즈Hafez도 내게 말을 걸어왔다.

오, 사랑하는 이여.
와인의 강에 배처럼 생긴 잔을 띄우시오.
내게 사향 내음 진한 검붉은 포도주 한 잔을 주구려.
돈과 욕망의 냄새가 나는 비싼 와인은 필요 없다오.

내 비록 취해 쓸모없어 보인다 해도

내게 친절을 베풀어주오.

당신의 미소가 내 어두운 가슴을 밝힐 테요.

- 하피즈,《와인의 강》 중에서

로버트 몬다비는 미국 와인의 한계를 벗어나려 고심했다. 나파의 새로운 역사를 위해 결단이 필요하던 그 순간 마침내 프랑스 보르도의 '샤토 무통 로칠드' 소유자 바롱 필립 드 로칠드를 하와이에서 만났다. 로칠드는 와인 역사에서 독보적인 인물이다. 그는 1920년 가문의 포도원 샤토 무통 로칠드를 이어받을 때만 해도 2등급에 머물던 와인 품질을 각고의 노력 끝에 1등급으로 올렸다. 엄격한 심사의 벽을 뚫고 성과를 이루어낸 장본인이었다. 이때부터 그는 세계 최고의 와인 명가 당주가 되었다.

두 사람은 전격적으로 5대 5 지분의 오퍼스 원 프로젝트에 합의했고, 첫 빈티지 와인이 성공적으로 세상에 공개되었다. 몬다비와 로칠드, 두 가문의 와인 생산 역사는 오퍼스 원 라벨에 동쪽과 서쪽을 바라보는 두 얼굴로 새겨졌다.

이렇듯 오퍼스 원은 나파밸리에서 생산되지만 보르도의 기술력과 영혼이 스며 있는 구대륙 유럽과 신대륙 미국의 합작품이다. 오퍼스 원 탄생을 계기로 유럽 자본의 신대륙 진출이 줄을 이었고, '샤토 페트뤼스'로 유명한 보르도의 무엑스 가문은 나파에서 '도미누스'를 생산했다. 나파밸리의 '도멘 상동', 칠레의 '알마비바'

등이 명가의 계보를 이어가고 있다.

오피스 원 역시 명품 와인 계보를 놓치지 않았다. 위대한 와인은 위대한 땅에서 나온다는 강한 믿음을 실천하듯, 바카산맥의 높은 곳에 그들의 와인 터전 세이지 마운틴 빈야드가 자리 잡고 있다. 훌륭한 와이너리는 위치가 좌우한다고 믿은 만큼, 이곳의 토양은 1미터 깊이에 돌이 많은 붉은 화산토로 이뤄져 있다. 에이커당 수확량이 낮아 포도나무의 활력을 제한하는 대신 미네랄이 풍부하고, 해발고도 500미터로 적정한 기온을 유지한다. 샌프란시스코만이 내려다보이는 서쪽과 남쪽으로 지형이 이어져 자연의 냉각 효과가 뛰어나기 때문에 와인의 신선함과 생동감을 유지시킬 수 있다.

세이지 마운틴 빈야드의 높은 고도만큼, 근처 밸리로 넘어가는 길 또한 가파른 산을 몇 개씩 지나야 할 정도로 험했다. 그 고갯길 중턱에 차를 세우고 서서 사방을 둘러보았다. 아지랑이가 너울대는 건너편 산맥이 나그네의 노스텔지어처럼 어른거렸다.

나 역시 종잡을 수 없는 그리움을 좇아 나파에 왔다. 와본 적도 없는 공간이 그리웠던 건, 나파밸리를 여행 가방에 넣고 대륙을 건너는 동안 영화 한 편을 반복해서 보았기 때문이다. 〈부르고뉴, 와인에서 찾은 인생〉은 몇 번을 음미해도 좋은 영화다. 잔잔한 독립 영화 속에 깊은 음악과 울림이 담겨 있다. 와인 마니아들의 관심을 끌 만한 연출과 탄탄한 구성 또한 일품이다. 프랑스의 성벽을 무너뜨린 미국의 골짜기 와인은 이제 거스를 수 없는 대세가 되었다.

할 수 있을 때 장미 꽃봉오리를 따시오. 시간은 쉼 없이 달아나는 것, 오늘 미소 짓고 있는 이 꽃도 내일이면 시들어 버린다네.

– 로버트 헤릭

와인은 포도 수확의 절정, 열매가 하강하기 직전에 거둬 술로 담근다. 오래 간직하며 음미하기 위해서, 아니면 영원히 가지고 싶어서다. 와인이 유혹과 탐미주의의 대명사가 된 이유다. 지금 눈앞에서 펼쳐지는 이곳의 모든 것이 나를 탐미주의의 세계로 끌고 가는 중이었다. 이 세상에 빛나고 아름다운 것들을 내 가슴속에 혼자 간직하고 싶은 본능이 꿈틀거렸다. 타인이 보지 못하게 불 질러 없애버리고 싶은 탐미의 심정을 이해하는 순간이었다.

"신은 물을 만들었지만 인간은 와인을 만들었다"는 빅토르 위고의 말이 가슴을 적셨다. 음악은 침묵의 잔을 채우는 와인이고, 와인은 병에 담긴 시처럼 격정적이다. 인간이 만든 것들 가운데 이토록 감정과 직접적으로 마주하는 창조물은 드물었다.

와인은 주연으로 시작했다가 술자리가 끝날 무렵 조연이 된다. 그리고 다시 주연이 되는 건 함께한 이들의 이야기다. 찬란한 삶에 스며든 와인은 결국 추억으로 남는다. 영혼이 느껴지는 우주의 리듬을 목으로 넘긴 뒤 울려퍼지는 다양한 감각은 삶이라는 현실 속에서 발효되어 간다.

평생 와인에 매달린 로버트 몬다비는 마치 와인처럼 나파밸리의 주연으로 살다가 다시 흙 속의 조연으로 돌아갔다. 그가 그토록 연구하고 평생을 들여다본 포도밭의 토양으로 회귀했다. 나 역시 와이너리의 주연이 되었다가 다시 속세의 조연으로 돌아가는 중이었다.

나파에서 반나절을 보내고 몇 개의 고개를 지나자 소노마밸리도 이미 녹음의 세계로 진입해 있었다. 삶은 바람처럼 흘러간다. 나는 소노마밸리에서 막 지나온 시간의 굽이를 뒤돌아봤다. 손에 땀을 쥐며 내려왔던 뒤쪽 산 너머 나파밸리의 풍경들이 아득했다. 거쳐왔던 인생의 모든 지점이 그랬을 것이다. 젊은 날로 다시 돌아가고 싶진 않지만, 아련한 기억들을 꺼내 음미하는 순간만큼은 놓치고 싶지 않다.

지나간 시간들을 되새기며 계곡 아래 지평선으로 내려왔다. 큰길 양옆으로 이어지는 포도원의 정문 장식들은 어느 먼 마을 오래된 주택들의 문패를 관찰하는 느낌이었다. 몇 개의 와이너리를 지나면 벌판이고, 다시 인간의 손길로 만들어진 포도밭의 긴 이랑들이 나타나곤 했다. 원시의 자연과 사람들의 공존이 담긴 풍경이었다.

끝이 보이지 않는 평원은 하늘과 만나고 있었다. 그 접점은 모든 경계선을 무너뜨려 엷어진 햇살과 함께 희미해졌다. 적당히 올랐던 한낮의 취기는 천상과 지평선이 하나 되는 곳으로 멀리 날아가고 있었다. 샌프란시스코로 돌아온 뒤에도 내 머릿속에는 나파밸리의 푸른 에너지가 출렁거렸다. 언젠가 또다시 이곳을 찾을 때까지 이 아름다운 풍경들은 내 안에서 늘 나부끼고 있을 것이다.

템플바의
위스키

아일랜드 더블린

아일랜드 펍은 매력으로 가득하다. 석양이 지고 천천히 어둠이 내려오는 시간부터 생기가 도는 곳이다. 오후의 정적을 가로지르듯 한 사람씩 인기척이 들리기 시작했다. 멀리 지평선의 경계는 하늘과 맞닿아 분간하기 어려울 만큼 옅은 회색으로 번져 있었고, 그 빛은 이내 밤으로 합쳐졌다. 온갖 상념과 고단했던 일정을 내려놓고 한 잔 기울여야 할 시간이다.

먼저 아일랜드 기네스 한 잔을 음미했다. 오랜만에 만난 흑맥주 맛이 그만이었다. 평소 마셔온 맥주에 길들여진 취향을 단번에 갈아엎었다. 맥주를 보관하는 온도가 다르고, 따르는 법이 다르고, 술잔이 다르고, 거품이 올라오는 모양마저 다르다. 이러한 차이들이 병렬적으로 합쳐져 같은 맛을 내는 맥주는 없다. 마시는 순간의 기분까지 조미료처럼 얹어져 온몸에 스며들었다.

　오랫동안 벼르던 여정이었다. 런던에서 맨체스터를 거쳐 더블린으로 건너온 흥분이 아직 가시지 않았다. 더블린 시내에서 가장 붐비는 골목에는 유명한 템플바가 있었다. 피시 앤 칩스를 안주 삼아 기네스를 들고 스탠딩 의자에 엉덩이를 반쯤 걸쳤다. 그때 적절한 타이밍에 비틀스의 연주곡이 끼어들었다. 이보다 더 완벽한 궁합이 있을까 싶었다. 입안으로 퍼지는 흑맥주 홉의 향기와 묵직한 목 넘김, 뒤따라오는 청량감과 신선함으로 하루를 마감했다. 음악 소리는 점점 더 커지고 밖은 이미 완전한 흑색이 되었다.

　더블린의 명소 템플바는 17세기 초 트리니티대학교의 총장이자 정치인이었던 윌리엄 템플 경 Sir William Temple 이 저택과 정원을 만들면서 생겨났다. 'Bar'라는 이름도 원래는 술집이 아니라 보행자들이 걷던 둑길을 뜻했다. 리피강의 물을 막기 위해 쌓았던 둑이 지금의 템플바로 변했고, 오늘날 빨간 외벽으로 유명한 펍 템플바의 이름도 여기서 유래되었다.

　압제와 기근으로 얼룩진 세월을 마감한 아일랜드는 이제 선진국 대열에 올라섰다. 비극과 투쟁의 연대기를 견뎌낸 모범 같은 나라다. 감자 대기근과 800년에 이르는 영국의 식민지 지배는 사람들의 가슴에 깊은 상처를 남겼다. 자국어인 게일어를 금지당하고 민족 정체성이 말살될 위기도 겪었지만, 그들은 부활절 봉기와 '피의 일요일'을 거치며 굳건한 저항으로 버텨냈다. 한국의 근대

○ 더블린 기네스 양조장

사와 닮은 역사를 지녔기에 우리에게 친밀한 감정으로 다가오기도 한다.

"아일랜드인의 영혼은 슬픈 노래와 즐거운 전쟁으로 이루어져 있다." 시인 윌리엄 버틀러 예이츠의 증언이 떠올랐다. 적절한 표현이라고 여기며 공감했다. 저항의 노래는 이후 사무엘 베케트와 조지 버나드 쇼, 제임스 조이스 같은 거장들을 낳았다. 고통을 예술로 이겨내고 올라선 증인들이다. 한을 흥으로 승화시킨 지난한 세월이 우리와 교집합처럼 겹쳐 보였다.

바람이 쉴 새 없이 오가는 평원에서 본 박공지붕의 전통 마을과 목장의 양떼들을 생각하니 아련한 감정이 들었다. 맥주를 비우고 이번에는 몰트 위스키 한 잔을 받아 들었다. 위스키의 본고장은 스코틀랜드로 알려져 있지만 더블린 사람들은 이 말에 몹시 섭섭해한다. 역사로 따지면 아일랜드에서 만든 위스키 족보가 더 오래되었다는 것이다.

몰트 위스키 중에서도 아일라 위스키는 특히 인기가 높다. 재고가 많지 않아 템플바에서도 꽤 비싼 값을 치러야 맛볼 수 있었다. 식전에 어울리는 위스키는 제임슨이 제격이었다. 알싸하고 감칠맛이 돌아 식욕을 돋우는 전희로 한 모금은 최고였다. 순하고 부드러운 패디도 좋지만 내 기분은 제임슨 쪽이었다. 부드러운 패디를 먼저 천천히 즐기고 식사 후에 알싸한 제임슨 한 모금을 입에 담아도 멋지게 어울렸다.

명품 위스키 생산지 아일라섬은 서울 면적의 3분의 1 정도로 크지 않다. 스코틀랜드와 아일랜드 사이 북쪽 해협에 누워 있다. 다양한 모양의 수많은 섬들로 이뤄진 헤브리디스제도에서 가장 큰 땅이다. '섬들의 여왕'이라 불리는 아일라는 싱글 몰트 위스키의 성지다. 매년 전 세계에서 수많은 위스키 애호가들이 이곳을 찾는다.

아일라 위스키의 비결은 이탄의 독특한 향이다. 보리와 물에 배어든 이탄이 오랜 숙성을 거치며 천상의 맛을 낸다. 영국의 찰스 국왕이 가장 좋아하는 위스키로 알려진 라프로익이 대표적이다. 상징성과 인지도에서 몰트 위스키의 대명사로 통한다. '라프로익 프렌즈'의 회원이 되면 가로세로 30센티미터 정도의 땅을 받을 수 있다. 발 하나 올려놓을 만한 크기지만, 위스키 애호가들에게는 꽤 재미있는 발상이다.

아일라 위스키는 이탄을 태워 증류하는 과정에서 만들어진다. 이탄은 땅속에 묻힌 기간이 오래지 않아 탄화도가 낮고 수분을 많이 머금은 석탄이다. 수천 년에 걸쳐 부패한 해양 식물이 습지에서 압축되며 형성된 유기물 퇴적층인 셈이다. 아일라섬 사람들은 옛날부터 위스키 제조 과정에서 보리를 태울 때 이탄을 사용해왔다.

이탄 연기가 보리에 스며들면 특유의 습한 흙 냄새와 그을린 연기 향이 미각을 사로잡는다. 처음 마실 때는 낯설어 멀리하게 되지만, 익숙해지면 그 깊고 복잡한 맛에 빠져든다. 바닷가의 해초와 이끼, 히더(북해 연안의 야생 관목) 같은 해양 식물들이 향의 근원이 된다. 축축한 흙냄새와 요오드 같은 바다 향이 진하게 올라온다.

　　중세 시대 사람들은 매서운 해풍 속에서 땔감을 찾다 이탄을 태
워 온기를 얻었다. 그 비릿한 바다 냄새와 이탄 향이 섞이며 오늘
날 아일라 위스키의 독특한 개성이 만들어졌다. 바다 냄새와 흙냄
새, 이탄 향이 모여 하모니를 이룬다. 눈을 감고 입안에서 피트 향
을 이리저리 굴리다 보면 풍미는 점점 더 깊어진다. 곡물을 섞어
만드는 일반 증류주와는 느낌이 완전히 다르다.

　　작은 배낭을 메고 서성거리는 내 모습이 눈에 띄었던 모양이다.

우직한 체구의 템플바 금발 바텐더가 한 잔 더 하겠느냐는 신호를 보냈다. 이미 라프로익 한 잔에 얼큰해진 알량한 주량을 모르고 높게 평가하는 눈치였다. 새벽부터 아일랜드 서쪽 끝 절벽 모허 클리프에 다녀오는 길이라 다리가 이미 풀려 있었다. 하루를 과하게 소진한 뒤 찾아오는 허기가 물컵 속 잉크처럼 서서히 번져왔다. 식당으로 가는 길이 멀게만 느껴지는 시간이었다.

아일라 몰트 위스키는 세계적으로 명품 대접을 받는다. 숱한 시련과 역사의 변곡점을 지나 얻어낸 자리다. 나는 가끔 전남 해남에서 올라오는 프리미엄 해창 막걸리를 즐기곤 하는데, 인공 감미료를 배제하고 찹쌀과 누룩으로만 빚은 생 막걸리 맛이 일품이다. 제대로 알려진다면 아일라 피트 위스키 못지않은 풍미를 세계인들이 인정하게 될 것이다. 국가 브랜드가 조금 더 높아지고 깊은 맛의 시간이 축적된다면, 그리 멀지만도 않은 일이다.

신세계 와인의
정취

남아프리카공화국 스텔렌보쉬

인도양과 대서양이 만나는 해안선은 남아프리카의 희망봉에서 모아졌다가 다시 동쪽과 서쪽으로 멀어진다. 그 바다를 끼고 남아프리카공화국에서 가장 세련된 도시 케이프타운이 자리 잡고 있다. 그리고 그 동쪽으로는 무성한 포도밭이 펼쳐진 와인 산지 스텔렌보쉬Stellenbosch가 아프리카 대륙의 끝자락을 묵묵히 지키고 있다.

버려진 땅이 '신의 물방울'이라는 포도주로 역사에 새겨진 것은 16세기 이후 유럽 제국들의 등장부터였다. 초기 네덜란드 식민지 개척 시대에 뿌리를 내린 스텔렌보쉬는 보어전쟁 이후 영국의 지배로 지금의 풍광이 형성되었다. 대양을 향해 펼쳐진 구릉에는 광활한 포도밭만큼이나 기나긴 역사가 축적되었다. 스텔렌보쉬 와인은 유럽인들이 말하는 신대륙 역사 중에서도 가장 오랜 시간을 견뎌왔다. 신세계의 부드럽고 감미로운 와인 대신 우아하고 깊은 맛을 가진 유럽의 와인을 함께 추구해왔다.

16세기 네덜란드인들은 인도네시아 자바섬 바타비아에 동인도 회사를 설립하고 아시아 식민지 쟁탈전에 나섰다. 사람과 물자의 이동이 필요해 떠나기는 했지만 머나먼 항해는 늘 위험한 도박이었다. 그리고 성공적인 뱃길을 위해 남아프리카공화국의 케이프타운은 절대 필요한 중간 기착지였다.

장기 항해로 지친 선원들에게 부족한 비타민을 제공해주는 '신의 처방'이 바로 와인이었다. 유럽에서 동남아시아까지 평균 10개월이 걸리는 항해 기간 동안 와인은 식품이 아니라 최고의 의약품이었던 셈이다. 스텔렌보쉬 일대의 기후와 습도, 지형에 알맞은 포도를 재배하기 시작한 것은 이들의 기막힌 선택이었다.

스텔렌보쉬는 케이프타운 측면 에르스테 강둑 주변에 만들어진 인구 17만 명의 작은 도시다. 규모가 비슷한 우리나라 파주와는 자매결연 관계를 맺고 있다. 여름에는 서늘하고 겨울에는 온난해 유럽인들이 꿈꾸는 휴양지이기도 하다. 토양과 기후가 동유럽과 비슷한 것은 우연인 듯 필연이었다.

1679년 네덜란드 식민지 총독 시몬 반 데르 스텔Simon van del Stel이 최초 개척자의 입장에서 자신의 이름을 넣어 스텔렌보쉬라는 지명이 탄생했다. 처음에는 프랑스 로마 가톨릭의 박해로 추방당해 신대륙을 찾아 나선 위그교도들이 이 계곡의 기름진 땅들을 골라 포도를 심었다. 수많은 시행착오와 농부들의 땀이 더해지는 세월

속에 지금의 와인 단지로 모습을 바꿨다. 모래가 많은 충적토는 와인 생산의 최고 조건이었고, 적당히 섞인 화강암도 포도 재배에는 탁월한 환경이었다.

스텔렌보쉬의 푸른 계곡은 눈으로 그 끝을 담아내기 어려울 만큼 광대했다. 이 골짜기에서 남아공 와인의 30퍼센트가 생산된다니 경이로운 마음이 들었다. 내륙으로 이어진 와이너리의 푸른 밭 줄기들은 시야에서 흐린 지평선으로 사라지는 지점까지 정갈하게 연결되어 있었다. 필요에 의해 험난한 환경을 일구고 문명의 세계로 탈바꿈시킨 대항해시대 사람들의 위대한 선택은 아직도 현재와 미래의 이야기를 만들어내고 있다.

프랑스의 부르고뉴와 보르도 품종은 물론이고 수십만 그루의 참나무 단지에서 만들어지는 오크통은 스텔렌보쉬의 자랑이다. 400년 전부터 수업을 이어온 스텔렌보쉬대학교는 와인을 연구하고 맛있게 만들기 위한 사람들의 정성과 노력의 산실이었다. 아프리카 유일의 와인학 코스가 개설되어 다른 대륙 학생들의 지원 행렬이 계속되고 있다. 시내 도프 스트리트의 모더커크 교회 박물관은 와인과 자동차들이 채워져 매우 흥미 있는 공간이었다.

스텔렌보쉬 와이너리는 두 가지 품종을 오래 재배해왔다. 화이트 와인 슈넹 블랑은 프랑스 루아르벨리 포도 품종을 그대로 옮겨 산도가 풍부하고, 다양한 토양의 풍미가 섞인 양조의 향취가 물씬하다. 또 하나는 남아프리카공화국 토착 품종 피노타지다. 우리가 좋아하는 피노누아에 생소(프랑스 남부 적포도 품종)를 이종 교배시

스텔렌보쉬 포도밭

켜 얻은 레드 와인이다. 1925년부터 생산되어 대성공을 거뒀다. 이미 100년의 역사를 지녔으니 유럽인들이 더 이상 신세계 와인이라고 낮춰 볼 수 없을 정도의 깊이와 품격을 전부 갖췄다.

점차 와인 수요가 늘고 소비가 증가하면서 케이프타운 일대는 자연스럽게 와인 명소가 되었다. 스텔렌보쉬와 프렌치 후크, 팔, 서머셋, 웰링턴 등 다섯 개 지역이 웨스턴 케이프의 와인랜드를 형성하여 아프리카와 남아프리카공화국 관광의 대명사로 자리 잡았다.

세계적 골퍼 어니 엘스가 만든 와이너리를 비롯해 160여 개 농장에서 수확되는 와인들은 수준급이다. 미어루스트, 루첸베르그, 텔레마앤위릭, 보쉔달 등 명품들이 수두룩하다. 거친 풍우와 변화무쌍한 기후가 교차하는 해안가에서는 스와트랜드(쉬라즈)와 달링(쇼비뇽 블랑), 타이거 버그(메를로), 스텔렌(카베르네 쇼비뇽에 피노타지를 섞은 품종) 등이 꾸준히 생산되고 있다. 남아프리카공화국 와인은 인도 등 서남아시아와 싱가포르 시장까지만 진출하고 동아시아 마켓에는 최근 들어 일부 제품이 소개되고 있는 정도다. 유럽인들이 오랫동안 즐겨온 스텔렌보쉬 와인을 우리만 모르고 지내왔던 것 같다.

제임스 쿡 선장이 호주를 발견할 당시 탔던 원정 선박과 석탄 운반선 인데버호를 비롯해 레볼루션호, 디스커버리호 등 수많은 신대륙 탐험선들이 이곳에서 포도주를 공급받으며 역사적인 발자취를 남겼다. 그들은 소금에 절인 양배추로 괴혈병을 이겨내고 스텔렌보쉬 와인으로 비타민을 보충하면서 생명을 이어나갔다.

아프리카 꼬치 요리 야마초바를 안주로 곁들여 종류별로 시음 와인을 마시고 나니 대낮부터 홍시처럼 얼굴이 발개졌다. 술이 약한 탓에 세 잔이나 연거푸 마시니 이미 혼수상태였다. 태양과 바람과 아프리카 정취에 잠겨 나의 영혼이 조심스럽게 스텔렌보쉬 계곡을 향해 날아오르는 느낌이었다.

내가 좋아하는 작가 헤밍웨이의 "세상에서 가장 고상한 것은 와인이다"라는 말을 믿고 연거푸 목에 넘긴 결단이 화근이었다. 와인을 마시면 이성이 떠나가고 영혼이 나온다는데, 오후 시간 내내 프랑스 도미니크 교회의 돔 피에르 페리뇽 수도사처럼 대낮에 별을 보는 기분이었다. 좋은 와인은 비싼 와인이 아니라 지금 내가 멀쩡하게 살아서 마시는 와인이라는 태도로 대들었던 것이 애초부터 무리였다.

스텔렌보쉬는 유럽과 아프리카를 하나로 묶어주는 문명의 등대로 역사에 남았다. 인간이 숱한 갈등 끝에 서로를 이해하며 지금처럼 살 만한 공동체를 만들어 병존하는 놀라움은 시간이 가져다준 선물이다. 여기에 와인은 인류 역사를 찬란한 무늬로 채색해낸 아름다운 도구 역할을 하였다. 와인은 대륙과 인간을 이어준 인연의 끝에 자리를 잡았다. 아프리카 남단의 파라다이스라 할 만한 스텔렌보쉬에서 와인에 대한 확실한 문장 하나를 가슴에 안고 밤을 맞이했다.

자이니치,
두 남자

일본 규슈, 후쿠오카

"언어는 때때로 차별이 된다." 캐나다 출신의 미디어학자 마샬 맥루한의 이야기다. 다른 언어는 감정의 벽을 세우고 공동체의 바깥에 서야 하는 불편함을 만든다. 세상을 살아오면서 이민을 떠난 모든 민족들이 받았던 공통적 애환이다.

일본에서 자이니치在日는 차별의 대상이다. 재일 한국인을 그들끼리 그렇게 부른다. 주류에 끼어들 수 없는 일종의 형극이다. 그러나 가고시마에서 만난 재일 한국인 화가 정동주는 달랐다. 어릴 때부터 한국어를 썼고, 이름도 일본식으로 바꾸지 않았으며, 겨울날 진눈깨비처럼 뼛속까지 스며드는 차별의 한기를 이겨내려 그림을 그렸다. 나이가 들어서는 모든 미움이 예술로 녹아내렸다.

규슈의 깊은 산중 유후인 맑은 공기 속의 '정동주 묵상전'은 청정했다. 때마침 온 산을 물들이기 시작한 단풍은 미술관 앞마당까지 차고 내려앉았다. 가끔 일렁이는 가벼운 바람에도 낙엽은 지상으로 쏟아졌다.

두터운 안경을 낀 화가는 얼굴에 미소가 가득했다. 만나자마자 자신을 동래 정 씨 28대손, 대구 현풍 출신 재일 한국인 2세라고 또박또박 소개했다. 전시실 벽 포스터에도 인쇄해놓은 내용이다. 그렇게까지 언급할 필요가 있느냐고 묻자 그는 이게 자신의 인생관이라며 너털웃음을 지었다.

그의 그림은 생명이 감돌았다. 사람들이 살아가는 모습과 자연을 채화했다. 1994년 그의 고향 오이타와 벳부에서 초대전을 연 것이 시작이었다. 2003년에는 재일 한국인들을 모아 연합전을 열기도 했다.

미술관 2층 입구에 걸린 노란 꽃밭은 평화 그 자체였다. 이처럼 초기에는 색이 짙은 서정적 유화였다. 파리와 해외 습작을 거치면서 서예를 형상화한 동양적 분위기로 바뀌었다. '宝'나 '生', '人'을 큰 붓으로 상형한 작품들은 오랫동안 나의 시선을 붙잡았다. 지나온 생의 여정을 압축해서 작가 자신에게 질문을 던지고 있는 것처럼 보이는 족자 그림들도 백미였다.

정동주는 어린 시절 제대로 그림 공부를 하지 못했고, 나이가 들어서 독학으로 미술에 입문했다. 규슈와 오이타에서 알려진 그의 솜씨는 도쿄에까지 소문이 났고, 어느 날 유후인의 산소 무라타에서 연락을 받게 되었다. 세계 최고의 자연 리조트를 만들었는데 미술관을 함께 운영해보지 않겠냐는 제안이었다. 정동주는 뒤도 돌아보지 않고 직행했다. 이후 무라타의 주인은 전통 료칸으로는 최고의 평가를 받는 무라타와 아르테지오미술관 등을 남기고 2013년 백혈병으로 생을 마감했다. 인생은 그런 것 아니겠느냐며 쓸쓸한 표정을 짓는 화가의 얼굴에 그림자가 드리워졌다.

유후다케에 걸린 구름을 보면서 산장을 내려와 후쿠오카로 가는 버스에 몸을 실었다. 규슈의 끝없는 삼나무 숲을 달려 후쿠오카 터미널에 도착하니 비가 내리고 있었다. 허기가 차올라 곧바로 또 다른 자이니치를 만나러 레스토랑 다무라를 찾아 나섰다.

레스토랑 다무라의 사장은 대구에서 건너온 아버지의 피를 그대로 이어받았다. 삼형제를 재일 한국인으로 키워낸 부모님의 마음을 이제야 알 것 같다고 했다. 그는 원래 변호사가 꿈이었다. 시애틀로 유학을 떠날 때까지만 해도 모두가 부러워했지만, 미국 생활은 그의 몸에 맞지 않는 옷이었다. 영주권이 허용되지 않아 법관이나 변호사의 꿈을 접을 수밖에 없었고, 이때부터 요리에 심취했다.

다무라는 한국 요리집이다. 차별받던 재일 한국인들이 푸줏간에서 버려진 내장을 구워먹던 불고기 집이다. 그 천덕꾸러기 식당이 1년 전 세계적으로 권위를 인정받는 미쉐린 원 스타 등급을 받았다. 후쿠오카에서 미쉐린 등급은 최초였다. 텔레비전 출연이 이어졌다. 자이니치가 천지개벽을 이뤄낸 것이다.

미쉐린이 주목한 이유는 결국 그의 자부심이었다. 부드러운 맛과 씹는 질감, 고운 마블링이 어우러져 만들어낸 최고의 식감. 상호 '다무라'는 그의 이름에서 따온 것이니, 인생의 모든 것을 건 승부였다. 명함에도 당당히 '한국요리 다무라'라고 적어두었다.

다무라는 불판 네 개, 정원이 여덟 명인 작은 레스토랑이다. 고급 초밥집은 대개 카운터 앞의 테이블에 고객을 앉히고 소수를 위한 음식을 요리사가 직접 만들어주는데, 이런 접객 형태를 불고기에 그대로 응용한 것이다. 고베 와규보다 품질을 인정받고 있는 이웃 사가현의 최고급 소고기 가운데 가장 귀한 부위만을 직접 골라 와 한두 점 정도씩 직접 구워주는 특별한 경험이었다. 육회, 제육, 보쌈, 꼬리 구이, 혀 구이, 갈비 살, 등심, 양 구이. 혀에서 녹는다는 표현은 이때 쓰는 말이다. 마지막 무 샤베트는 잊을 수 없는 메뉴였다. 소화제로 여기고 먹었던 어린 시절 무의 기억을 되살려 빚어낸 명품 디저트였다.

유창한 영어에 와인 상식까지 곁들인 다무라는 이곳을 찾는 일본 주류 사회의 단골손님들에게 오히려 명사 대접을 받고 있다. 또한 멀리 도쿄나 대만, 홍콩, 싱가포르에서 예약 전화가 이어지지만 하루 여덟 명 이상의 손님은 사절이다. 시스템이 한정적이기도 하고 소수의 손님을 최상으로 모시려는 그의 전략이기도 하다. 다무라 요리는 예술이다. 먹는 것이 하늘처럼 전부였던 시절도 있었다. 그러나 이제 음식은 세계인의 최고급 언어다.

차별은 고통이다. 100만 명에 가깝다는 재일 한국인들의 사회적 지위는 아직도 안타까운 수준에 머물러 있다. 남들이 가지 않는 여정, 그 고통의 뒤안길에서 피어난 두 남자의 당당한 모습은 나의 가슴을 뜨겁게 달궜다. 그들의 이름은 자랑스러운 자이니치다.

10억 원짜리
위스키

일본 야마자키

인간의 생명은 시간과 함께 사라진다. 철은 녹슬고 모든 물건들 역시 스러져 허공으로 흩어진다. 만물은 소멸을 향해 질주하는 세월의 칼날 위에 서 있다. 살아 있는 모든 것들의 종착지는 필멸이다. 그러나 위스키는 오크통에서 오랜 시간을 견디며 기간이 지날수록 더 향기를 머금고 기다려준다. 놀랍고도 신비한 이야기다.

야마자키 증류소는 오늘날 가장 뜨거운 순례지가 되었다. 일본을 넘어 세계의 애호가들을 유혹하는 최고급 위스키의 산실이다. 교토에서 기차를 타고 오사카 쪽으로 달리다 내린 작은 역 야마자키에 전설 같은 마을이 있다. 낮은 산봉우리를 타고 내려온 언덕은 오른쪽으로 텐노산 대나무 숲을 끼고 있었다. 중턱에 산재한 계수나무 군락이 그림 같았다. 철길 건널목을 지나 들어선 증류소는 평화로운 봄 햇살을 가득 담아내고 있었다.

야마자키는 고대부터 물이 좋기로 소문난 곳이다. 기즈가와, 가스라가와, 우지가와 등 세 곳의 하천이 모아지는 합류 지점으로, 이 완만한 경사지에서 지하수가 솟아오른다. 언제부터인지, 왜 그러는지 이유를 알 수 없는 물의 축복은 그렇게 시작되었다. 오래전부터 좋은 물 때문에 사람들이 행복해하는 기억의 고장이다. 아침이면 옅은 물안개가 피어오르고 햇빛이 이들을 한곳으로 묶어주고 지나가는 자리다.

또한 야마자키 일대는 고대부터 지리적으로도 일본의 중심지였다. 교토와 오사카, 고베, 나라 등이 지척이다. 에도시대 오사카에서 천황이 거주하는 교토로 가려면 반드시 이곳을 거쳐야 했고, 많은 사람들이 잠깐씩 쉬어가는 길목이 되었다. 교통과 물류의 거점이 만들어진 원인이이다.

산토리 위스키의 창업자 토리이 신지로는 이곳을 놓치지 않았다. 증류기 한 개로 시작한 몰트 위스키 제조는 그야말로 도박이었고, 신지로의 도전은 결국 끝을 보고야 말았다. 이곳의 설비를 키우고 공정을 바꾸며 계속 새로 만들었다. 1958년 발효증류 설비 네 개를 들였고, 1967년에는 여덟 개로 증설했다. 1987년에는 오크통을 활용한 공정 혁신으로 위스키 제조에 성공하며 전환점을 만들었다. 2006년에는 증류 가마를 전격 교체해 품질의 결을 다시 잡았고, 2023년 창업 100주년을 맞아 대대적인 리노베이션으로 다음 세기를 준비했다. 그 여세를 몰아 하쿠슈와 치타 증류소 2호,

◯ 야마자키 증류소 창고에서 숙성 중인 오크통

3호를 세우며 확장을 이어갔다.

신지로의 별명은 '오사카 개코'였다. 귀신같은 위스키 감별 본능 때문에 붙여진 닉네임이다. 그는 야마자키 시골 역사 주변에서 집념을 불태웠다. 사람들이 환호하는 상품을 만들겠다는 일념으로 수많은 세월을 보냈다. 일본 대장성(현 재무성) 주세국장 주재로 열린 사케 대회에서 대상을 받은 것은 시작이었다. 감각적인 명품을 빚어내기 위한 필사의 노력은 계속되었다. 그렇게 미각과 건강을 위한 풍요와 창조에 도전한지 한 세기만에 몰트 위스키의 역사가 만들어졌고, 위스키 명가로 세계의 인정을 받기에 이르렀다.

그곳에서 제조 과정을 둘러보고 히비키 30년과 야마자키 25년을 시음했다. 코를 자극하는 깊은 향기와 색감, 혀끝에 감기는 은은함은 비교불가였다. 토리이 신지로, 게이조 사지, 도리이 신고 등 3대에 걸친 장인 정신의 완성이었다. 증류소 입구에서는 위스키를 만들기 위해 실어온 거대한 보리 자루들이 쉴 새 없이 내려지고 있었다.

대나무 숲에서 바람이 들어오는 정원으로 나오니 창업자와 그의 차남인 사지 케이조 두 사람의 동상이 포근한 표정으로 증류소를 지키고 있었다. 일본식 붉은 벽돌로 지어진 외벽과 소박한 뜰은 관람객들로 가득한 건물 안쪽의 소란함을 차단하고 자연과의 정숙한 대화를 청해오는 느낌이었다.

이곳에서 생산되는 위스키는 물량이 모자라 소비자들이 아우성친다. 병당 몇백만 원을 넘어선 가격에도 불구하고 보물을 찾듯

마니아들의 유랑이 이어지고 있다. 폭발적인 일본 위스키의 인기에 물량이 따라가질 못하는 드문 상황이다.

일본 위스키는 산토리 창업자인 토리이 신지로와 그의 동업자 타케츠루 마사타카가 써내려간 역사다. 히로시마 양조장 집 아들인 타케츠루는 어렸을 때부터 술에 관심이 많았다. 가업을 잇기 위해 주류 회사에 취직했지만 그만두고 본고장 스코틀랜드에 건너가 본격적인 위스키 제조 과정을 공부했다.

귀국한 타케츠루는 도리이의 제안으로 야마자키 증류소에서 침식을 잊고 5년 동안 매진했다. 하지만 1929년 첫 출시된 시로후다는 사람들의 주목을 받지 못했는데, 술에서 나무 타는 냄새가 난다는 것이었다. 맛도 향도 익숙하지 않은 시대의 예견된 실패였다. 두 사람의 동행은 깨지고 타케츠루는 독립된 위스키를 만들기 위해 떠났다. 스코틀랜드와 기후가 비슷한 홋카이도에 요이치 증류소를 세우고 각고 끝에 명품 위스키 닛카를 탄생시켰다.

일본의 양대 위스키 산맥으로 꼽히는 닛카는 독특한 맛과 풍부한 향으로 세계적인 명성을 얻었다. 싱글 몰트나 브랜디드 위스키에 일본식 정교한 양조 기술이 더해졌다. 산소가 풍부한 요이치의 자연과 어우러진 화사함과 달콤함, 풍미감이 가득 채워진 걸작이다. 니카 프롬 더 발리는 소프트하면서도 풍부한 과일 향과 담백함이 독특하다. 미요스키는 고요한 일본의 자연 프로필이 가득 칠해진 그림 같다. 요이치 그란데 위스키나 미야기코, 타케츠루, 수퍼

© Motokoka (CC BY 4.0, Edited)　　　　　　　　◯ 야마자키 증류소

닛카 등이 명품의 계보를 잇고 있다.

타케츠루가 글래스고대학교 화학과를 졸업하고 돌아오는 길에 동행한 영국인 부인 타케츠루 리타는 아직도 일본열도의 이야깃거리다. 그의 이야기는 일본 방송사 NHK의 아침 드라마 〈맛상〉으로 제작되어 엄청난 인기를 모았다. 같은 해 《짐 머레이의 위스키 바이블》은 야마자키 12년을 '올해의 월드 위스키'로 선정해 분위기를 달궜다. 이후 일본의 위스키는 사재기 붐이 일면서 제대로 바람을 탔다.

한편 도리이는 야마자키에 남아 일본인이 좋아하는 위스키를 제조하는 데 인생을 바쳤다. 끝장을 보겠다는 각오로 반복된 날들이었다. 그 노력 끝에 팔지 못하고 남아 있던 주정 시로후다를 10년 동안 숙성시켜 출시한 가쿠빈이 드디어 화려한 무대를 열었다. 이리저리 연구하고 끈질긴 승부 끝에 나온 결실이었다. 도리이가 입버릇처럼 달고 다녔던 "어디 한 번 해봐!" 자세의 성공이었다. 순간 정주영 회장의 "이봐, 해봤어?" 정신이 오버랩되었다. 위대한 기업가들은 그들만의 교집합을 갖고 있는 것일까?

경제 대국으로 발돋움한 일본은 고급 싱글 몰트위스키 야마자키와 히비키에 열광했다. 이때 산토리는 독한 위스키에 물을 타서 마시는 하이볼 캠페인을 시작했는데 예상은 적중했다. 고리타분한 술로 취급되던 위스키는 이때부터 신세대가 열광하는 모던주의 대명사로 올라섰다. 젊은 한국 소비자들까지 뒤늦게 이 대열에 합류하며 일본 위스키의 기록적인 품귀 현상이 일어났다.

위스키는 원액 상태로 10년 이상 숙성시켜야 맛이 난다. 처음에는 금속 재질의 발효증류기를 사용하다가 현대에 이르러 오크통으로 전환되었다. 한정된 원액으로 한정된 양을 만들 수밖에 없는 생산구조다. 공급 부족으로 산토리는 주력 상품 히비키 17년의 판매를 중단했다. 100병만 한정 판매한 야마자키 55년은 병당 정가 3700만 원에 모두 매진되었다. 그후 홍콩의 한 경매시장에서는 한 병이 10억 원에 낙찰되어 국제적인 뉴스가 되었다. 히비키 30년은 300만 원에도 구할 수가 없다. 면세점은 물론 일본 주요 도시 주류 판매점에서도 물량이 사라졌다. 이러니 더 사고 싶고, 더 맛보고 싶고, 궁금해서 안달이 날 수밖에 없다. 트렌드와 소비자 심리가 묘하게 버무려져 돈이 있어도 살 수 없는 '레어템'이 된 것이다. 발베니, 맥켈란, 조니워커, 글렌피딕. 이름만 들어도 귀족 느낌이었던 본고장의 주인공들이 모두 산토리에 윗자리를 양보했다.

양조 기술은 물론 투어 코스를 만들고 위스키를 시음하고 현장에서 판매하는 시스템은 모두 영국 등 선진국에서 배워온 것이다. 거기에 일본만의 독특함과 정성을 담아 그들만의 리그를 만들어 냈다니 무서운 장인 정신이다. "지름길은 없다. 세월을 뛰어넘을 수도 없다." 명품 위스키를 만들어내는 이들의 공통된 의견은 '위스키는 기다림의 미학'이라는 점이다. 적어도 진득하게 25년의 세월을 견뎌야 탁월한 맛을 낸다. 잘 빚어진 황금빛 '액체 햇살(조지 버나드 쇼의 표현)'을 한 모금 머금으면 천상의 기분을 느낄 수 있다.

죽음과도 맞바꾸는 맛,
복어

일본 시모노세키

시모노세키 복어 전문점 기타가와는 6대 째 내려오는 이름난 노포다. 1892년 개업한 이래 130년이 넘었다. 규슈의 모지에서 3대를 이어오다가 4대 째에 건너편 시모노세키로 이전했다. 앳된 얼굴의 청년 기타가와 고지는 상기된 표정으로 손님을 맞았다. 아직 수줍음과 풋풋함이 혼합된 미소가 싱그러웠지만, 스물여섯 살의 사장님치고는 당차고 적극적인 태도였다.

젊은 사장은 오이타대학교에서 경제학을 마치고 바로 가업을 이어받았다. 처음부터 그럴 생각으로 대학교에 진학했기에 전혀 후회가 없다고 한다. 시모노세키에서 오이타는 간몬교를 건너 두어 시간을 달려야 갈 수 있는 먼 거리다. 가족의 성씨를 모태로 만들어진 기타가와는 메이지시대와 전쟁의 굴곡, 근대를 지나 숱한 시간을 지나왔다. 복어 요리점이 아니라 살아 있는 역사의 현장으로 통하는 곳이다.

복어는 일본인들이 좋아하는 최고의 요리다. 기타가와는 소문대로 복어회가 일품이었다. 굴곡진 독특한 칼 후구히키 끝에서 한 점씩 발라지는 얇은 회는 예술이었고, 문양이 화려한 접시에 펼쳐진 살점들은 아라베스크 무늬에 가까웠다. 그리고 또 이어지는 복껍질 무침은 어떤가. 횟감으로 상큼해진 입속에 색다른 촉감을 접목시키는 황홀한 의식이었다.

귀여운 새끼 복어 두 마리가 통째로 알맞게 튀겨져 올라왔다. 정신없이 먹다가 고개를 들어보니 후구노코 누카즈케가 눈앞에 등장했다. 복어 알을 10년 동안 삭혀낸 진미다. 독성이 제거되고 다져진 알들이 두꺼운 층으로 압착되어 두부처럼 정갈하게 제 몸을 맡겨왔는데 그 식감이란 묘사가 불가하다. 두툼한 복어 살을 함께 넣어 지은 솥밥이며 복어 어묵, 복어 초회까지 다 먹고는 부른 배를 두드리며 만족했다. 이제 그만 달라고 항복을 선언했다.

현해탄의 복어는 일품이다. 차가운 바다, 빠른 물길과 거친 파도의 대명사 현해탄은 역사시대 이후 인간에게 한 번도 제압당하지 않았던 곳이다. 바다의 고집을 꺾기 시작한 것은 근대 이후 선박이 만들어지고 나서부터다. 말 그대로 거칠고 검은 바다에서 몸부림치다 올라온 복어는 육질이 단단할 수밖에 없다. 특유의 쫄깃쫄깃하고 압도적인 식감의 비밀이다. 회를 목으로 삼킨 뒤 입안에 고이는 미세한 단맛이 긴 여운을 남겼다.

규슈는 한반도 끝과 현해탄 바다가 만들어내는 천혜의 땅이다. 나가사키 일대와 오이타 앞바다에서 잡아 올린 복어는 대부분 이곳 시모노세키로 몰린다. 일본열도 전국으로 유통하기 위해서다. 항구에서 동해로 나가면 한국이고 세토내해로 나서면 일본 본토다. 시모노세키의 가라토 어시장이 100년 이상 최고의 명소가 된 것은 순전히 현해탄의 복어 덕분이다.

시모노세키를 복어의 성지가 된 데에는 숨겨진 이야기가 있다. 1500년대 말, 가라쓰를 비롯한 규슈 일대에 군졸들이 복어를 잘못 먹고 희생되는 경우가 많았다. 그러자 1592년, 도요토미 히데요시는 궁여지책으로 복어 금지령을 내렸다. 그러나 이후 메이지유신 정부에서 총리 자리에 오른 이토 히로부미는 시모노세키 슌판루에서 복어 요리를 대접받고 기막힌 맛에 반했다. 그는 독성 제거를 전제로 300년 만에 금지령을 해제하고 복어의 전국 유통을 지원했다. 메이지유신의 고장 조슈의 경제를 살리려는 계산도 있었을 것이다.

맛집 기타가와가 개업한 해가 그 무렵이었다. 이 바람에 시모노세키의 향토 음식이던 복어는 근대의 지사들까지 즐기는 음식이 되었다. 청일전쟁이 끝난 뒤 이홍장과 이토 히로부미는 슌판루에 마주앉아 전후 처리를 논의했다고 전해지니 복어 금지령이 풀릴 수밖에 없는 역사적 흐름이었다.

토라후구는 복어 등에 박힌 무늬가 호랑이 줄무늬와 닮아 붙은 이름이다. 일본인들에게는 자주복으로 더 익숙한, 참복 중에서도

○ 시모노세키 거리의 복어 맨홀

맛이 좋다는 어종이다. 기타가와 연회장 벽에는 토라후구 무리가 현해탄을 유영하는 그림이 걸려 있는데, 실제로 제2차 세계 대전 말기 군국주의자들은 '회천回天'이라는 이름의 자살특공대를 운영하며, 복어처럼 생긴 유인 어뢰에 젊은이들을 태워 적 군함으로 돌진시키는 만행을 장려했다. 다카스기 신사쿠가 하늘의 뜻을 돌려 혁명을 완성시켰다는 회천의 이야기는 그렇게 엉뚱한 군국 충성 도구로 오염되었다. 순진한 청년들을 수없이 바다에 수장시킨 역사의 어두운 단상이다.

하루 전, 나는 메이지유신의 본거지 하기와 야마구치를 돌며 이 고장의 상징인 신사쿠의 일생을 돌아봤다. 그리고 오늘은 시모노세키에서 복어가 어뢰처럼 거친 물살을 가르다 끝내 밥상의 귀공자로 올라선 장면을 마주하고 있다. 세상의 아이러니가 이보다 선명할 수 있을까?

바람은 시모노세키와 규슈를 잇는 간몬교 밑으로 쉬지 않고 몰아닥쳤다. 900미터 남짓한 좁은 해협은 이제 다리와 터널로 연결되어 가로놓인 바다는 더 이상 장애물이 아니었다. "규슈에서 광어를 먹고 시모노세키에서 복어로 입가심한다"는 말이 나올 정도로 갈라진 땅은 다리와 지하로 상통하고 있었다.

시인 소식蘇軾은 복어를 두고 "죽음과도 맞바꾸는 맛"이라는 아찔한 묘사를 했다. 맹독을 알면서도 젓가락을 멈추지 못하는 미식가들의 심리가 기막히게 녹아 있다. 실제 복어의 독 테트로도톡신은 청산가리보다 다섯 배 이상 치명적이다. 한 마리에서 빼낸 독으로 성인 서른세 명을 치사시킬 정도라니 공포감마저 든다. 역사적으로 수많은 이들이 복어에 희생되었고, 독을 제거하고 안전한 먹거리가 되기까지 오랜 세월이 필요했다.

일본인들은 복어를 '뎃포(철포)'라 부른다. 맞으면 죽는다는 뜻이다. 죽지 않을 정도의 독에 당하고 나면 몸이 지릿지릿 해져 대장군으로 재탄생한다는 이야기는 우리에게도 낯설지 않다. "죽기는 싫지만 먹고는 싶다.", "뎃포(복어)는 먹어도 바보, 먹지 않아도 바보." 기막힌 복어 맛을 놓치고 싶지 않은 사람들의 수사다.

쇼나이 잣코를
아십니까

일본 야마가타

산과 바다, 평야가 공존하는 파라다이스를 찾은 기분이었다. 일본 동북부 야마가타의 대지는 광활하고 풍요로웠다. 도쿄에서 신칸센을 타고 니가타로 이동한 뒤 다시 기차에 몸을 싣고 다섯 시간 동안 해안선을 달려 만난 곳이었다. 수평선을 왼쪽에 두고 바닷가만 따라가는 열차의 풍경은 한 편의 소설 같았다.

홋카이도에서 오키나와까지 3천 킬로미터에 달하는 일본열도에서 야마가타는 3대 평야로 꼽히는 곡창지대다. 북쪽으로 아키타, 동쪽으로 미야기, 남쪽으로 후쿠시마, 남서쪽으로 니가타가 에워싸고 있다. 그 가운데 서쪽의 중심을 이루는 쇼나이 평야는 끝없는 지평선과 동해가 맞닿은 기름진 벌판이다.

바다를 끼고 있는 야마가타 지역은 예부터 수산물이 풍부했다.

횟감과 어패류, 미역과 다시마 등이 지천이었다. 생선의 이름조차 구분하지 못했을 아주 옛날부터 앞바다에서 잡아 올린 온갖 어류를 밥상에 올리며 살아왔다. 그렇게 다양한 수산물은 이곳 사람들의 풍요로운 식문화를 만들어준 원천이 되었다. 이름도 낯설었던 시절부터 그들에게 생선은 '잣코(잡어)'라는 이름으로 통했다.

그 잣코 문화를 제대로 맛보기 위해 내가 찾아간 곳이 이자카야 쇼나이 잣코다. 이곳은 모든 요리가 별미였다. 우선 살아 있는 오징어 회를 초장에 찍어 먹었다. 신선하게 퍼지는 쫄깃한 식감이 비교불가였다. 성경책보다 두꺼운 석화 껍질에 담긴 자연산 굴의 감칠맛도 일품이었다. 한입에 다 먹기 어려울 정도로 통통한 우윳빛 살집이 가득했다. 제철 풋콩와 가지 튀김, 그리고 연달아 내오는 생선회 한 점씩을 부지런히 입에 담았다.

주인장 사이토 가즈타카는 35년 동안 이 자리를 지켜온 사람이다. 쇼나이에서 가장 이름난 맛집을 일궈낸 장본인이기도 하다. 가업은 무려 5대째 이어지고 있다. 근처 평원이 얼마 전 유네스코 세계 식문화 유산 지역으로 지정된 영향도 컸다. 사이토는 세 남매를 훌륭히 키웠고 일곱 명의 손자를 두었다. 이자카야 잣코에는 아들, 딸, 손자, 아내까지 나와 일손을 돕고 있었다. 큰딸만 요리 공부를 위해 유학 중이고 나머지 가족은 모두 고향을 지키고 있다. 올해 나이 72세. 외모에서는 예술적 셰프의 풍미가 가득했고, 명배우가 따로 없었다.

사장 겸 주방장인 사이토는 쉬지 않고 진미를 내밀었다. 회가

◻ 눈과 입이 즐거운 쇼나이 잣코

한 바퀴 돌고 나면 후반부에는 돌미역국과 오차즈케가 이어졌다. 옆자리를 쳐다볼 틈도 없이 포식을 했다. 음식이 비면 술이 올라오고, 잔이 기울어지면 다음 생선이 대기하고 있었다. 잣코 요리를 먹으러 동아시아 각지에서 찾아오는 손님들 덕분에 그는 인생 후반부가 즐겁다며 싱글벙글이었다.

쇼나이 잣코의 외벽은 아름다운 목재 격자무늬로 꾸며져 있었고, 오른쪽 아래에 달린 작은 출입문도 묘하게 매력적이었다. 내부에는 근처 바다에서 잡히는 망둥어를 상징으로 그린 그림이 액자에 걸려 있었다. 그 깊은 요리 문화를 단숨에 '먹는 행위'로 체험하는 시간이었다. 배를 두드리며 이제 그만 먹겠다고 항복하고 싶었지만, 솜씨를 더 맛보고 싶은 욕심에 꾹꾹 눌러 담았다. 그만 달라고 손사래를 치는데도 잣코 사시미 한 점이 또 썰려 나왔다.

쇼나이 평야의 노른자 위를 차지하는 사카다酒田는 이름대로 술의 집산지다. 신세를 진 사람이나 고마운 이에게 정성을 담아 건네는 선물로 사카다 술은 으뜸으로 꼽힌다. 여기에 술과 함께 곁들여 먹는 쇼나이 잣코가 더해지며 이 지역만의 독특한 식문화가 형성되었다.

동해의 생선과 사카다의 술. 어떻게 하면 사시미와 사케를 더 맛있게 먹을 수 있을까? 어떤 시기에 어떤 생선을 어떻게 조리하면 최고의 요리가 될까? 어떤 그릇에 어떤 재료를 담아 보관하면 쇼나이 특유의 맛이 살아날까? 오랜 궁리와 연구 끝에 그 답이 바로 잣코 요리로 모아졌다.

사카다 사케를 술잔에 나란히 부어 차례로 들이켰다. 야마가타 들판에서 거둔 쌀로 빚은 술맛은 최상급이었다. 일본 열도에서 명품으로 손꼽히는 사케 와다라이, 다와라유키, 호시마츠리 후지가 삼나무 쟁반 위에 가지런히 놓여 있었다. 세 잔씩 두 번을 마셨더니 어느새 취기가 돌았다. 목 넘김이 부드러운 사케와 잣코 사시미, 좀처럼 경험하기 어려운 호사가 아닐 수 없었다.

이처럼 한 지역의 음식에는 그곳이 지나온 역사와 문화가 고스란히 배어 있다. 일본의 역사는 대부분 사무라이 문화로 이어져 왔다. 가마쿠라 막부부터 전국시대를 거쳐 열도가 통일된 16세기까지 칼은 권력을 만드는 도구였고 백성을 지배하는 수단이었다. 무력의 시대가 지나 평화를 맞은 에도시대에도 사무라이는 사회의 중심이었다.

그런데 쇼나이의 영주는 조금 달랐다. 사무라이의 무도 대신 낚시를 통해 수련을 쌓고 경쟁을 자극하는 잣코 문화를 장려했다. 주민들이 바닷가에서 잡은 낚시 결과로 축제를 열기도 했다. 쇼나이 9대 번주 사카이 다다아키는 장인들과 함께 길이 7미터가 넘는 긴 낚싯대를 만들었다. 당시로서는 획기적인 일이었다. 바위와 암초 사이에서 낚아 올린 참돔과 뱅에돔은 최고의 사시미 재료로 대접받았다. 어획된 물고기는 어전화로 기록해 어종에 따라 보상을 내렸다. 사카다 평원을 지나 해안까지 긴 낚싯대와 도구를 메고 이동하는 일 자체가 또 다른 심신 단련 과정이었다.

결국 쇼나이의 바다낚시는 칼을 대신한 하나의 무도였던 셈이다. 세월이 흐르며 연구하고 사유하는 낚시, 츠리도로 발전했다. 영주가 백성들에게 칼 대신 낚싯대를 들게 했다는 이야기는 흥미롭다. 칼싸움의 승부 대신 낚시의 성과로 겨루는 문화. 쇼나이의 독자적인 전통은 그렇게 탄생했다.

"쇼나이 어부가 잡은 붕장어를 신사에 바쳤더니 풍어가 들었다. 바다에서 건져 올린 물고기는 단순히 먹는 것이 아니라 쇼나이 사람들의 마음을 품고 있다." 고전 서책《닛폰 잇코쿠 잇쇼쿠》

는 쇼나이의 물고기를 문학과 신화의 세계로 초대해 물고기 된장
조림, 은어의 염장법과 조기 말리는 요령 등이 세세하게 기록되어
있다. 봄에는 벚꽃송어, 여름에는 해초, 가을에는 도루묵, 겨울에는
대구 등이 제철 재료다. 생선구이부터 여름철 물회와 가을의 도루
묵 염장조리는 식탁의 단골이고, 연말에는 대구탕이 한 해의 마지
막 대미를 장식한다.

맹자의 말처럼, 옛 세상에서 백성들에게 먹는 일은 곧 하늘이었
다. 쇼나이 사람들은 멀리 도쿄와 교토에서 벌어지는 권력 다툼과
거리를 두고 바다와 평원을 벗 삼아 자신들만의 독창적인 역사를
써내려간 주인공들이었다.

6부

자연으로 걷다

인생은 들의 꽃,
피었다 사라져가는 것.

_ 가톨릭성가 463번 〈순례자의 노래〉 중에서

청산도 풀 무덤,
초분

한국 청산도

ⓒ 청산도

때로는 찬란했고, 때로는 분노로 어두웠고, 때로는 외로웠을 한 생애가 조용히 풀밭에 누워 있었다. 잊지 않고 찾아주는 하늘과 지나가는 바람을 벗 삼아 사후의 세월을 보내는 모습이었다. 육신은 스러져 사라지고 남은 뼈대에 머물던 영혼마저 떠나려 했다. 용머리 볏짚을 이고 다시 봄이 찾아왔지만 초분草墳의 망자는 말이 없었다.

초분 아래로 펼쳐지는 청산도 해변은 한 폭의 파스텔 명화였다. 수평선에 깔린 굴 양식장들의 기하학적 무늬가 선명했다. 왜구들의 침입으로 초토화되었던 피내리고랑과 범바위 오름길이 멀리서 가물거렸다. 완도항에서 배로 한참을 달려와 만난 섬마을에는 아직도 적지 않은 이들이 모여 살고 있었다.

육지와 분리된 외로운 땅에서 누군가 죽으면 섬사람들은 근처에 풀 무덤을 만들었다. 주검을 땅에 묻지 않고 입관한 뒤 돌 축대나 통나무 위에 올려두고 이엉(짚으로 만든 지붕)을 덮어두었고, 마치 초가지붕 얹듯이 용마름을 올려 엮었다. 사방으로 새끼줄 끝에 돌을 묶어 바람에 날리지 않도록 했다. 주변에는 소나무 가지 울타리를 둘러 짐승의 접근을 막았다.

주검을 임시 안치하는 빈장殯葬은 고대부터 있었다. 조선 말기와 일제강점기 초기까지도 흔한 풍습이었지만, 정부가 위생법으로 제한하여 초빈草殯 금지 조치를 내리면서 점차 사라졌다. 초분은 송장을 풀이나 짚으로 덮어두는 장례 방법이라는 의미에서 붙여진 이름으로, 전통적인 조상숭배와 관련이 깊다. 사후에도 부모님이 살아 계실 때처럼 정성스럽게 돌봐야 한다고 믿었다.

풀 무덤은 1970년대 새마을운동을 계기로 금지령이 떨어지며 뜸해지기 시작했다. 전라남도 완도의 청산도, 여수의 금오도와 안도, 개도, 고흥의 나로도, 신안의 증도, 도초도, 비금도 등 주로 서남 해안의 바닷가 마을에서 한때 흔히 행해지던 장례 문화였다.

초분은 씻김굿이나 무속의 사령제와 복합된 전통인데, 해안 지방의 무속과 연결점을 찾을 수 있다. 지역을 막론하고 유골을 중요하게 생각했다는 공통점이 있다. 본장本葬을 치르기 전에 오랫동안 관리해야 하는 초분은 번거로운 일이었고, 해마다 초가지붕을 바꿔주는 정성으로 이엉을 갈아줘야 했다. 당연히 경제적으로 여유가 없으면 불가능했다.

초분은 3년 정도 지난 뒤 살이 썩어 없어지면 뼈만 골라 다시 땅에 묻는다. 풍장風葬이나 조장鳥葬과는 같은 듯 다르다. 몽골의 풍장이나 사막의 조장은 그 자체로 주검을 처리하는 완결된 의례인 반면, 초분은 본장에 앞서 치르는 일차장一次葬이다. 옛사람들은 죽은 육신을 그대로 묻으면 땅이 오염된다고 생각했기에 초분은 혼탁한 육신이 깨끗이 제거된 뒤 치르는 세골장洗骨葬의 성격이 짙다.

인생은 짧은 순례길이다. 나는 신앙이 깊지 않지만 종교적 생의 찬미를 찬미한다. 풀밭에 나란히 누운 두 개의 초분 옆에서 죽은 자의 시선으로 한동안 멀리 수평선을 응시했다. 봄은 이미 지천으로 깔려 있었다. 이파리들이 피는 소리와 청보리가 바람에 흔들리는 소리, 세상 만물이 하늘을 향해 일어서는 소리들로 가득했다. 고요 속으로 날아오르는 영생의 소리까지 한데 어울려 봄날은 분주했다. 알맞은 농도의 햇빛이 섬 기슭의 반나절을 수놓고 있었다.

인생은 언제나 외로움 속의 한 순례자.
찬란한 꿈마저 말없이 사라지고
언젠가 떠나리라.

인생은 나뭇잎, 바람 부는 대로 가네.
잔잔한 바람아 살며시 불어다오.
언젠가 떠나리라.

인생은 들의 꽃, 피었다 사라져가는 것.
다시는 되돌아오지 않는 세상을
언젠가 떠나리라.

                    – 가톨릭성가 463번 〈순례자의 노래〉 중에서

섬마을에서 해풍과 한평생을 보낸 망자는 상여를 타고 이곳에 왔을 것이다. 장송곡이 울려 퍼지고 사람들의 어깨에 실려와 바다가 한눈에 보이는 이곳 언덕에 자리 잡지 않았을까. 초분은 육신을 바로 땅속에 묻는 것은 매정한 일이라 여긴 이들이 조금이라도 더 지상에 두고자 했던 마음의 표시였다. 육신을 탈피한 이후 비로소 죽음을 확인하는 성스러운 과정을 지키며, 지상에서 이 과정을 거쳐야 뼈가 검게 되지 않고 숭고한 흰색을 유지한다고 믿었다.

297

⊏ 유채꽃이 핀 언덕의 청산도 초분

유채꽃이 피기 시작한 언덕 들판은 고요했다. 잊을 수 없는 영화《서편제》에서 두 주인공이 〈진도 아리랑〉을 부르며 넘던 청산도 유채꽃밭이 눈앞에 가득했다. 오래전부터 걷고 싶었던 동화 같은 길이었다. 구부러진 돌담 사이 황톳길을 타고 서로 비켜가는 계절의 인사가 정중했고, 신화 같은 풍경 너머로 번져가는 춘풍의 기운은 왕성했다. 번뇌의 막연한 사선을 따라 먼 시원始原이 아득하게 흔들리고 있었다.

나비야 청산 가자. 범나비 너도 가자.

가다가 저물거든 꽃에 들어 자고 가자.

꽃이 푸대접하거든 잎에서 자고 가자.

－ 작자 미상, 〈나비야 청산 가자〉 중에서

나 또한 이런 심정이었다. 나비가 청산을 날 듯 삶의 흐름 따라 바람이 이끄는 대로, 꽃이 허락하는 대로 머물다 가는 것이 세상일 아니겠는가. 작자도 알 수 없는 옛 시 한 구절에 마음을 주고 나니 생의 미련에 대한 무게가 훨씬 더 가벼워지는 느낌이었다.

하지만 돌아가야 했다. 나는 돌아갈 곳이 있었다. 초분을 떠나 뒤도 돌아보지 않고 언덕을 내려와 선착장으로 향했다. 존재만으로 찬란한 봄꽃, 머지않아 다가올 짧은 낙화. 반복되는 그 일상 속으로 돌아가야 했다. 마침내 어느 날인가 아무런 욕망도 이별도 없는 무욕의 세계로 침잠할지라도. 포말을 일으키며 멀어져 가는 뱃전에서, 재회의 기약 없는 청산도의 푸른 풍경을 오랫동안 눈에 담았다.

메콩 델타
오디세이

베트남 메콩 델타

메콩 델타는 옥토다. 아홉 개의 강줄기가 모여 마침내 바다를 만나는 곳이라 한자식 표기로 '구룡강 삼각주九龍江 三角洲'라고도 불린다. 베트남어로는 '동방송끄우롱'이다. 섭씨 35도의 강렬한 햇빛이 내리쬐던 오후, 메콩 델타의 장대한 수평선이 눈앞에 펼쳐졌다. 그 위로 흐르는 강물은 오랜 세월 이 땅의 역사를 품어왔을 것이다. 강은 인간 세상의 온갖 일을 알고 있지만 침묵한 채 시간을 따라 흘러가다 끝내 신화의 세계로 사라진다.

메콩 델타는 베트남 1억 명의 인구 가운데 3천만 명이 모여 살고, 세계 3대 쌀 수출국인 베트남에서 60퍼센트의 쌀을 생산해내는 곳이다. 퇴적물이 쌓이는 비옥한 땅은 사람들을 불러들였고 풍요를 만들었다. 티베트에서 시작된 물줄기는 중국 칭하이와 윈난을 지나고 라오스와 태국, 캄보디아를 거쳐 4천 킬로미터 장정 끝에 이곳에 도착한다. 내가 지금 만나는 물줄기는 아주 오래전에 티베트를 떠난 물줄기였을 것이다. 생각이 여기까지 이르자 강줄기가 성스러운 축제 한마당으로 보였다.

나는 강을 좋아해 가는 곳마다 수많은 강을 보았다. 메콩 델타의 매력은 깊이를 알 수 없는 탁류라는 점이다. 실제로 20미터 정도의 수심이 이어지지만 수면 위에서는 아무런 짐작도 할 수가 없고, 물리적으로 흐려 속살을 볼 수도 없다. 그 속을 모르니 신비가 배어난다. 유속이 느린 점도 마음에 든다. 상류의 폭포나 세찬 줄기들을 모두 지나온 뒤의 평화로운 정진을 보여준다. 델타에 이른 강은 넓게 퍼지면서 광활하게 대지를 적시고 있었다. 강과 만나는 마을은 풍요로웠으며, 사람들과 공존하며 수많은 이야기들을 생성시켰다. 물과 인간이 만들어내는 그들만의 독특한 세계다.

체코와 오스트리아를 돌면서 보았던 다뉴브강이나 미국 뉴올리언스에서 만난 미시시피강, 이집트에서 경험했던 나일 델타와는 느낌부터가 달랐다. 풍요한 삼각주에서 이뤄지는 역사의 이야기들은 더 다양하고 탄탄했다. 이 지역은 1세기부터 크메르 왕국의 땅이었는데, 홍수 때는 물에 잠기기도 하지만 건기에 3모작 벼농사를 지을 수 있다. 16세기 응우옌 왕국의 세력으로 사이공이 건설되었고 베트남 영토가 되었다. 우리가 기억하는 월남 땅이 된 것이다. 캄보디아 크메르인들과 갈등이 남아 있는 것은 당연하다.

델타에서 이뤄낸 찬란한 청동기 문화는 유럽 학자들의 흥미를 자극했다. 1866년, 식민지 개척 시절 프랑스는 해군을 보내 이 지역을 탐사했다. 제2차 세계 대전 때까지 그들은 현지의 풍요를 차지했지만, 베트남은 종주국 프랑스를 몰아내고 이어진 미국과의 전쟁에서도 이겼다. 민족주의 지도자 호찌민^{Ho Chi Minh}을 중심으로 통일의 희망을 버리지 않았던 결과였고, 제국주의자들을 패배시킨 베트남인들의 자긍심은 대단했다. 이어지는 눈부신 경제성장은 세계의 주목을 받고 있다.

앞서 말한 것처럼 메콩 델타 유역은 베트남 최대 곡창지대다. 벼농사와 후추, 커피, 각종 열대과일의 창고다. 델타 13개 지역의 성(베트남의 행정 구역 단위) 가운데서도 중앙정부 5대 직할시인 껀터 일대의 장대한 자연 풍광은 일품이다. 엄청난 규모의 맹그로브 숲은 400종이 넘는 동물들의 낙원이고, 100여 종의 민물고기는 수상 주민들의 귀중한 식량이다. 유네스코가 천연자연유산 보호 구역으로 지정한 이유다. 옛 수도 호찌민과 가까운 미토에서 출발한 메콩 델타 크루즈는 이제 종착지에 가까워졌다. 오랫동안 이름으로만 기다려온 메콩이 마침내 눈앞의 현실로 다가오고 있었다.

수상 주민들은 정처가 없다. 흘러가면서 살아남는 본능을 지녔기에 기록 문화보다 훨씬 더 오랜 역사를 이어왔음에도 흔적은 많지 않았다. 들판에서 지내는 유목민이 바람을 따라 사라지듯 그들은 물길을 따라 흘러내리는 세상을 살았다. 젖은 일상에서 기록을 남기고 정착할 장소를 찾기란 어려운 일이었다. 중심도 줄기도 없는 수평선 같은 삶, 그 삶은 어쩌면 평등의 다른 이름이기도 하다.

ⓒ 주민들의 터전인 메콩 델타 수상 시장

그래서인지 연꽃과 부레옥잠은 이곳에서 성스러운 꽃으로 여겨진
다. 물 위에 떠서 꽃피우며 사는 모습이 수상 사람들의 삶을 닮았
기 때문이다. 그것들은 모두 흐르는 것의 본질을 이어받은 생명들
이다.

델타 상류에서 큰 배를 타고 건너 내린 미카의 남쪽은 과일의
천국이었다. 머리 크기만 한 잭프루트와 파파야, 코코넛, 망고스틴
등 열대지방 특유의 정취로 가득했다. 마을 사람들의 생활 모습을

가까이서 돌아보고 그들의 애잔한 노래도 들었다. 까이랑 수상 시장은 이제 세계적인 명소가 되었다. 더불어 퐁디엔, 속짱, 옹아남 시장도 나란히 유명세를 타고 있다. 빈롱, 벤쩨는 외국인들의 발길이 이어지는 곳이다.

작은 수로를 지나기 위해 소형 나룻배를 탔다. 협수를 가로지르는 베트남의 전통 배 투앵더는 주민들의 친구다. 나무를 깎아 만든 4인용 작은 배는 가늘고 긴 카누 같았다. 뱃머리에서 왼쪽 노를 젓는 아내와 후미에서 오른쪽 노를 젓는 남편의 얼굴을 번갈아 바라보았다. 수로는 해 뜰 때부터 해가 질 때까지 나룻배 부부의 일터다. 대나무 삿갓 농을 쓰고 거칠어진 손발로 익숙하게 젓는 노의 힘은 놀라웠다. 이 작은 물길에 수많은 배들이 질서정연하게 움직이고 비켜가는 풍경은 예술에 가까웠다. 무질서 한가운데에서 느끼는 그들만의 질서는 색다른 고요였다. 나는 좁은 뱃전에 앉아 따뜻한 미소를 보내는 일 이외에 아무것도 할 수가 없었다.

투앵더는 코코넛이 울창한 흙탕물 수로를 재빠르게 미끄러져 나갔다. 수많은 세월 동안 물살에 씻겨 나간 코코넛의 억센 그루터기들이 뭍의 흙들을 보듬어 안고 큰 강과의 경계를 이루고 있었다. 하상의 수초를 헤치고 도약하는 팽팽한 원형질의 본능들, 끝없이 흐르고 포개지는 이름 없는 물결들의 중첩, 풍요에서 공생으로 이어지는 순간들이다. 방웬 수로는 점점 뒤로 멀어졌다.

마침내 남중국해 바다를 향하는 메콩 본류에 입성했다. 유장한 흐름을 마주하니 가슴이 벅차올랐다. 변방에서 중심으로 올라온

기분이었다. 대형 화물선과 중규모 어선들, 과일이나 채소를 파는 작은 배까지 수많은 형태의 흐름들이 함께하고 있었다. 그 사이사이로 상류에서 내려온 수상식물과 동시대의 쓰레기까지 같이 흐르는 중이었다.

건너편 강변에는 작은 마을들이 어렴풋이 보였다가 사라지기를 반복했다. 그리스 감독 테오 앙겔로풀로스가 만든 영화 《안개 속의 풍경》 같았다. 시선은 강으로 향하면서도 생각은 자꾸 멀리 떠난 아빠를 찾아 기차를 타는 영화 속의 두 남매가 덮었다. 나도 그 아이들의 말대로 낙엽처럼 떠내려가며 점점 희미해지는 느낌이었다. 이곳에서 베트남 수도 하노이까지는 1,800킬로미터의 거리로, 동질성을 느끼며 살기 쉽지 않은 간격이다. 평생 북쪽을 가보지 못하고 생을 마감하는 이들도 많다.

메콩의 강들은 모여서 대화를 한다. 사이공강과 동나이강은 본류로 나가기 전에 호찌민 일대와 만나고 캄보디아에서는 바싹강으로 유역을 따뜻하게 적신다. 큰 줄기들은 자신의 속도로 바쁘게 흐르며 종점을 향해 쉬지 않는다. 더 나은 시간, 더 나은 내일을 위해 흐르는 인생처럼 말이다.

메콩 델타를 돌아 호찌민으로 올라오니 이미 어둠이 자리하고 있었다. 숙소에서 바라보는 사이공 강변은 발전된 도시의 불빛으로 찬란했다. 새벽과 밤 시간, 틈날 때마다 나는 발코니에 서서 강의 움직임을 바라보았다. 떠내려가는 것인지 멈춰 서 있는 것인지 분간하기 어려웠다. 움직이되 움직이지 않는 강을 오래 바라볼수록 멈춰 있다는 생각이 강해졌다. 부레옥잠의 느린 유영만이 강의 방향을 짐작케 할 뿐이었다. 수면에서 태어나고 마침내 수면에서 피어난 꽃들이 무리를 지어 어디론가 떠내려가는 중이었다. 한참을 바라보아야 깨달을 수 있는 일이었다.

흐르는 강은 깨달음이다. 노을도 지고 생명도 지는 넓은 평화다. 강물은 고대 호메로스의 《오디세이》 주인공처럼 지난한 여행을 통해 목적지를 향하는 장대한 서사시다. 처음 한 가닥 물줄기가 지류와 손잡고 본류로 몰려나와 대지를 품어내면 흐름은 마침내 하늘마저 담아내 움직인다. 이 강에 이르기까지 오랜 상처와 고독이 쌓였을 것이다. 부질없는 공허들이 모두 흐름으로 사라져가는 중이다.

바다에 이르고야 마는 흐린 강물은 내내 나의 친구였다. 인간이 사는 땅을 촉촉하게 감싸는 수평선은 감정과 욕망을 덜어낸 묵묵한 모습으로 늘 그 자리를 지나고 있었다. 전쟁과 죽음의 강을 지나 이제는 희망의 강으로 연결되는 메콩 델타, 그곳에는 흙빛으로 타오르는 위대한 강이 있었다.

천상의 이끼 정원,
산젠인

일본 교토

산젠인의 바람은 달랐다. 이끼 정원에서 솟아오르는 공기는 골짜기의 정취를 가득 품고 달려 나왔다. 녹색 냄새와 새소리, 지나가는 바람들이 친구가 되어주었다. 자발적 가난을 선택한 옛사람들의 자취는 세월을 따라 흐르고 겹겹이 쌓여 아직도 이 산자락을 맴도는 듯하다.

천태종 사찰은 8세기 말 사이초 고승이 히에이산에 작은 암자를 열며 기도를 시작한 데서 유래했다. 이후 황족이 주지를 맡는 몬제키 사찰로 자리매김하며 이 깊은 숲 골짜기 가장자리를 지켜왔다. 나무와 이끼에 둘러싸인 입구는 다른 세상으로 들어가는 진입로였다. 숨소리도 죽여 가며 살금살금 본당의 넓은 마루 뒤쪽에 자리를 잡고 앉아 눈앞에 서 있는 늙은 소나무와 은밀하게 시선을

ⓒ 교토 산젠인의 이끼 정원

교환했다. 위로 솟는 대신 측면으로 구부러져 굵게 누운 줄기 위에
는 적당한 간격으로 솔잎들이 가지런히 정렬되어 있었다. 정갈한
소나무 가지는 수많은 손길이 오랫동안 분주하게 머문 흔적이 역
력했다.

　황홀한 정원의 모습에 나 자신도 잊은 채 그곳을 바라보았다.
입은 닫고 눈과 귀만 열었다. 머릿속에 어지럽게 엉켜 있던 속세의
상념들이 달아나고 있었다. 마루 왼쪽으로 작게 흐르는 시냇물 소
리며 솔바람 소리, 산새들의 지저귀는 소리만이 귓전으로 스며들
어 평화로운 세계를 만들어주었다. 다행히 한나절을 움직이지 않
고 멍 때리는 이들도 많아 이런 내가 전혀 이상해 보이지 않았다.

이끼 정원은 자연의 소리들을 방목시키고 있었다. 바람과 향기를 빌려 내 마음속의 때 묻은 흔적들을 지워냈다. 오솔길을 따라 정원까지 오르는 동안 벌써 눈과 귀가 평소에 맛보지 못한 대접을 받는 중이었다. 옛 선인들이 했다던 귀씻이를 제대로 하는 날이었다.

무성한 수목 속에는 평화와 사랑의 진동 외에 아무것도 존재하지 않았고, 하늘만이 고요한 침묵을 내려다보고 있었다. '인생은 무거운 짐을 지고 먼 길을 가는 것'이라던 일본 도쿠가와막부 정권의 시조 도쿠가와 이에야스의 말처럼 견디기 힘든 등짐을 지고 살아왔다. 산젠인에 그 짐을 모두 내려놓고 정원을 한 바퀴 돌았다.

푹신한 깊이의 이끼 밭 가운데 익살스런 모습의 동자 지장보살상이 미소로 나를 반겼다. 괴롭거나 무거운 마음이 있었다면 다 내려놓고 가라는 눈치였다. 마음의 고요를 얻고 다시 꽃 같은 향기로 하산하라 한다. 바야흐로 무상의 시간이었다.

이끼는 선태식물에 속하는 작고 부드러운 식물이다. 크기는 1센티미터에서 10센티미터에 이르지만 더 큰 종류도 많다. 축축하고 그늘진 곳에 집단을 이루며 자라기 때문에 어두운 이미지의 대명사로 각인되어 있다. 씨앗은 없고 단순한 잎이 가는 줄기를 덮는다. 지구에는 1만여 종이 넘는 이끼가 존재한다. 현대의 풀과 나무가 나기 4억 년 전부터 등장했으니 전설의 식물인 셈이다.

건축 시장에서는 이끼 정원 시공은 물론 전문업체까지 성업 중이고, 영화나 예술 작품에도 등장한다. 음습한 역할이 아니라 고요와 내면의 안정을 주는 이끼의 역할에 주목하는 분위기다. 많은 식물은 수직을 지향하지만 이끼는 수평을 지향하며 낮은 자리에서 묵묵히 하방을 고집한다.

일본의 이끼 정원이 본격적으로 주목받기 시작한 것은 오닌의 난(쇼군 후계 문제로 지방의 다이묘들이 교토에서 벌인 항쟁) 전후 혼란기 무렵이었다. 무로막치막부의 8대 쇼군 아시카가 요시마사는 정치보다 정원을 가꾸고 새소리 듣기를 더 좋아했다. 그가 정치에는 무심하고 정원과 예술에만 몰두하는 사이 교토에서는 오닌의 난이 일어났다.

하지만 정원 문화는 후퇴하지 않고 더 꽃을 피웠다. 아시카가의 할아버지가 세운 금각사는 오늘날 세계적 명소가 되었고, 그 자신은 은각사를 지어 가졌다. 일본 정원의 진수로 알려진 매력적인 사찰들이다. 사계절 모두 들러 시간에 따라 달라지는 이곳의 이끼를 보는 것은 잊을 수 없는 즐거움으로 자리 잡았다.

교토의 명소로 등장한 아만 호텔의 넓은 정원도 이끼가 일품이었다. 숲속에 감춰진 호텔 방은 이끼가 가득한 정원을 지나야 도달할 수 있다. 갈수록 높은 수준으로 양식화된 고급 정원에는 반드시 이끼가 시공된다. 문명은 늘 원시의 자연을 꿈꾸기 때문이리라.

일본의 미학과 철학이 수반된 선불교 정원은 바위와 자갈이 필수고, 양치식물과 대나무, 동백은 동반자들이었다. 여기에 이끼가

산젠인 이끼 정원에 자리한 부처상

주연으로 올라섰다. 오랜 세월 동안 종교와 철학이 녹아들어 새롭게 인식되고 있다. 정토 불교와 연결되는 낙원의 개념이 함유되어 있다. 이끼는 현대인들에게 확실한 심신 처방제다.

교토는 도시를 둘러싼 산들이 일정한 습도를 제공한다. 장마철에는 적절한 수분이 유지되어 이끼의 성장과 생존이 용이했고, 그 유리한 조건 때문에 이전부터 매력적인 정원이 많았다. 지하수가 풍부한 지역 특성도 한몫했다. 중세 이후 일본의 이끼 정원은 1천 년 전 승려들이 정원을 가꾸며 이끼가 지배하는 공간의 균형 잡힌 평온함을 유지하고자 노력했다.

산젠인에는 약 130종의 이끼가 있다. 흙과 나무, 돌, 석등, 동자보살을 양탄자처럼 두껍게 덮어나가는 중이다. 교토 북쪽 오하라를 대표하는 이 정원 근처에는 호센인 같은 사찰이 함께 있으며, 사이호지, 료안지 같은 유명 이끼 정원들이 어우러진다. 이곳 오하라 지역은 이끼 정원의 성지다.

사이호지는 8세기 연원으로 시작된 사찰로, 유네스코 세계문화유산에 올라 있는 이끼 정원의 모델이다. 담장 안에는 이끼가 융단처럼 덮여 숨겨진 눈의 시각들을 모두 일깨워주고 있다. 이끼는 계절을 넘어 언제나 초록의 세상을 연출한다. 오랜 세월 수명이 다한 그루터기 이끼는 전 세계 사진 애호가들의 소장품으로 귀한 대접을 받고 있다.

만들거나 꾸미지 않아도 자연은 인간의 사고를 항상 뛰어 넘는다. 경외감으로도 부족하며, 말할 수 없는 숙연한 감정들이 일렁이게 한다. 이끼 정원은 '와비사비'의 완성이다. '와비'는 검소한 공간과 고요한 정취 속에 새겨지는 단순함의 미학이고, '사비'는 느린 시간과 여유를 받아들이는 오래됨의 미학이다. 와비사비는 겉보다 본질에 집중하고 서두르기보다는 유유자적한 느긋함을 가지면서 부족함에서 만족을 느끼는 일본 문화의 핵심이다.

아름다움을 느끼는 침묵의 눈부신 정지 상태, 그 사이로 가느다란 빛줄기들이 스며들었다가 쏟아지는 오후였다. 이끼 정원의 풍경은 마음속에 오래 걸어두고 싶은 한 폭의 수채화였다. 아름다움은 그냥 보는 것이 아니라 직접 걷고 경험하는 것임을 일깨워주는 공간이다. 와비사비의 정취가 산젠인 경내를 가득 채우며 흘러 넘쳤다.

한때는 존재했지만 더 이상 존재하지 않는 것들을 생각했다. 그리고 지금은 존재하지만 곧 존재하지 않을 덧없음에 대하여 생각했다. 가능하면 이곳을 떠날 때까지 나는 와비사비의 마음을 놓지 않겠다고 다짐했다. 뚜렷했다가도 희미해져가는 기억처럼 모든 것이 한곳에 머무르지 않는 세상의 이치를 떠올렸다. 이끼 정원 계단을 내려와 교토 시내로 환속하는 동안 작은 사유의 줄기가 나를 붙잡고 있었다.

방태산 살둔마을에서 날아오르는 생명의 길

한국 인제

여름이 끝나갈 무렵이면 강원도가 그립다. 가을이 오는 길목의 산과 계곡이 궁금해진다. 색色으로 표현되었다가 다시 공空으로 회귀하는 원시의 풍경들이 허기처럼 밀려온다. 이 정도 증세에 이르면 떠나는 수밖에 없다. "걷는 자의 발끝에서 모든 것이 시작된다"는 요한 볼프강 폰 괴테의 말을 품고 짐을 챙겼다. 여름의 추억에 밀리고 가을의 향수에 이끌려가는 시간이다.

홍천을 지나 인제에서 국도로 접어든 방태산 자락은 위엄과 품격이 넘쳤다. 주변으로 네 개의 자매 봉우리를 아우르는 자태가 의젓하고 믿음직하다. 길은 내린천 하류에 이르러 구부러진 선들로 연속되었는데, 오랜 세월 이 고장의 생명수였던 내린천의 맑은 물줄기는 청정을 지향하는 주체자의 에너지였다. 개천을 따라 오르고, 휘어지고, 내려가고, 건너가는 수행의 반복이었다.

비바람이 수없이 지나간 자리에는 어느덧 평화가 찾아왔다. 아직은 푸른 나뭇잎 사이로 부드럽게 햇살이 스며들었다. 바다의 윤슬 같은 반짝임이 숲 쪽으로 나의 시선을 계속 붙들었다. 엷어진 햇살이 세월에 지친 생명들을 지배하는 중이었고, 바라보는 것만으로도 마음의 넉넉함이 가득해졌다. 백두대간으로 이어지는 산중의 공기는 지상에서 받을 수 있는 최고의 선물이었다. 질릴 때까지 마시고 내뿜고 급기야는 양팔을 벌려 폐부에 직접 관통시키며 산과 진한 포옹을 나눴다. 오후의 햇빛이 지나는 시냇가 산길은 한 계절을 보내는 허무함이 지배하고 있었다.

일곱 자락으로 겹쳐지는 봉우리들 중 선명하게 드러난 세 번째, 그 너머 산들은 회색으로 엷어지더니 마지막에는 시야의 끝에서 보라색 실루엣으로 흩어졌다. 그러고는 이내 하늘빛에 섞여 무한으로 멀어졌다. 그 희미한 흔적들이 천상인지, 지상인지는 시작과 끝을 알 수 없는 원근이었다.

방태산은 인제군 인제읍과 상남면에 걸쳐 있다. 깃대봉과 구룡덕봉이 능선으로 연결되는 구조다. 오대산 월정사에서 넘어오는 길과 조우하고 인제읍과 반대쪽으로 나가면 한국의 10대 골프장으로 유명한 세이지우드와 만난다. 산의 모양이 주걱처럼 생겨 주걱봉으로 기억하는 이들도 있다. 산 주변은 삼둔사거리라 부르는데, 남쪽 내린천 부근의 살둔과 월둔, 달둔, 산 북쪽의 아침가리, 결가리, 적가리, 연가리를 지칭하는 말이다.

식민지 수탈과 한국전쟁, 이념 대립에 지쳐 정처 없이 떠돌던 사람들이 왜 이곳에 터를 잡고 운명의 짐을 내려놨는지 알 것 같았다. 산골 마을의 백미 살둔산장은 백제 스타일의 건축 양식에 귀틀집 형태를 안고 사찰 분위기까지 담겨 있다. 넉넉한 단층 지붕을 뚫고 정자처럼 솟아오른 2층의 모습은 매우 독특했다. 통나무를 깎아 맞춰나간 뼈대와 이어 붙인 벽채들이 전형적인 우리 건축이다. 세월 따라 주인 따라 조금씩 다듬어져 지금의 모습이 되었다. 한국의 '100대 살고 싶은 집'으로 선정된 것은 우연이 아니었다.

한때는 번성했던 산골 마을에 이제 몇 가구만 남아 동화처럼 계곡을 지키고 있었고, 텃밭에는 고랭지 배추와 무가 가지런히 자라나 임자를 기다리는 중이었다. 개천가에는 오래된 소나무들이 수호신처럼 왕성한 자태로 도열해 있었다. 흘러가는 물소리에 리듬을 태우거나 지나가는 바람을 잡아 산장에 머물게 하는 역할을 하는 듯했다.

출렁거렸던 세상의 모든 일들이 아득한 꿈결 속의 메아리 같았다. 네 개의 산봉우리 안쪽으로 자리한 살둔분지는 1억 년의 풍화가 빚어낸 걸작이다. 속세를 등진 화전민들이 처음 만든 풍경을 후세 사람들이 계속해서 소박하게 일궈냈다.

70년 동안 유지되었던 생둔분교 교실에는 흐릿해진 급훈 액자가 힘겹게 걸려 있었다. '착한 어린이가 되자.' 어린 시절 나에게도 익숙했던 낡은 붓글씨는 스러져가는 벽과 함께 동고동락 중이었다. 잠깐씩 캠핑으로 다녀가며 던져놓은 도시 사람들의 인기척들

○ 방태산 자락 산골 마을의 살둔산장

만 잡초 마당에 촘촘히 박혀 있었다.

　알 수 없는 시간부터 불려온 이름들 모두가 정겨웠다. 생둔, 미산, 신남, 물안골, 서곡리, 철정, 내촌, 용소, 아홉사리로, 두촌, 군유동, 산삼골, 황병로, 광석리. 너와집이며 호박넝쿨 옆 은행나무, 들국화가 노랗게 물든 등성이, 밭두렁 마을마다 민초들이 호명하고 살았던 고을들의 자태는 하늘 같았다.

　길은 사라질 듯 숲속으로 묻히고 있었다. 걷는다는 것은 침묵하는 것과의 대결이다. 산장까지의 길은 구겨진 넥타이처럼 끈질기게 이어지고 있었다. '살만한 둔덕(살둔)'을 찾아낸 옛 화전민들의

○ 방태산 폭포

첫 표정이 궁금해졌다. 사방이 고산 준봉들로 장식된 넉넉한 분지는 완벽하게 신이 내린 영지였다. 하강하는 산줄기와 흐르는 물이 만난 생명의 연분이었다.

새벽 물소리에 깨어나 툇마루 한지 쪽문을 밀어보니 산중의 차가운 아침공기가 밀려왔다. 새로운 기세가 밤새 점령했던 방 안의 공기를 몰아내는 느낌이 좋았다. 밖으로 나서니 들꽃들이 흐드러져 있었다. 무성한 젊음이 지나간 자리에 차오르는 허무함처럼 꽃들의 지난 시간을 반추하며 걷고 또 걸었다. 높고 낮은 봉우리들이 아침을 맞아 뚜렷한 윤곽으로 걸어나오고 있었다. 상원사와 월정사에서 넘어오는 길은 방태산 능선에서 만나 첫 햇살과의 만남을 즐기고 있었다.

개천가에는 소나무가 무성했다. 가지와 줄기가 서로 엇갈리며 사선의 비약을 도모하는 모습이 낯설지 않다. 직선보다 휘어진 곡선이 어우러져 정들어가는 산중 인심의 속마음인 듯하다. 물가에는 돌탑들이 몇 개, 못 다한 인연의 아쉬움을 쌓아놓고 떠난 마음들만 가득히 남아 있었다.

구불구불 흘러가는 물줄기를 보았다. 어둠을 이겨낸 해는 물가 저쪽으로 떠오르고, 낮 동안 지친 저녁 해는 물가 이쪽으로 질 터였다. 침묵도 비껴간 계곡에는 여름 폭풍우에 세월을 안은 돌덩이들만 남겨져 가을을 맞이하고 있었다. 이렇게 가고 오는 인연의 길목에서 남고 남겨지는 운명에 고개를 끄덕였다. 아침 물안개가 방태산 중턱까지 올라가다가 그림처럼 걸터앉았다. 별일 없이 하루가 찾아왔다. 고요와 적막으로 버무려진 담담함이었다.

가을꽃은 봄꽃보다 처연하다. 화려함보다는 무겁고 색이 진하다. 다가올 추위를 앞둔 탓인지 아니면 봄꽃에 각인된 마음인지 모르겠다. 짧은 만개 후 차가워지는 대지에서 다음 생을 기약해야 하는 애잔함 때문이기도 할 것이다. 그래서 화려한 색의 계절인 가을은 두 번째 봄이다. 하늘을 바라보니 높고 선명한 구름의 이동이 눈에 잡힌다.

가을꽃이 처연하다면, 가을 해는 짧다. 그래서 덧없다. 머지않아 골짜기에는 눈이 내리고 산간 마을의 길들은 사라질 것이다. 무성한 날 맺었던 인연들도 허공으로 흩어지지 않을까? 고향이 없는 구름처럼, 정처 없이 흐르는 물처럼, 아무것도 묻지 않고 그냥 온 산은 은빛 세계로 변할 것이다.

결국 생각의 영역이다. "네 마음속에 사원이 있다"는 라마 불교의 가르침처럼 우리는 시간의 허상을 움켜쥐고 살아간다. 순간을 주머니에 넣고 영원할 것처럼 공간을 유영한다. 태초의 '무'를 생각하면 시간은 아무런 의미가 없는 개념인데도 말이다.

그 시간이 방태산을 지배하고 있었다. 누구도 피해갈 수 없어 절대적이고 공평한 시간. 시간은 빅뱅 이후 시공으로 만들어진 개념이다. 우주는 영원하고, 시공을 초월해 있다. 이 화두 앞에 수많은 철학과 종교가 명멸했고 인간의 사유가 물결을 이뤘다. 답은 없었다.

조금이라도 주변이 조용해지면 나는 다시 내가 지나왔던 순간들과 내 곁을 떠나간 생명들을 생각한다. 그것들은 희미한 구름처럼 내 주변을 맴돌다가 마침내 나를 집어삼킨다. 조금씩 짓눌리다가 슬픔이 되기도 한다. 그럴 때 나는 소리를 채집하고 귀에 담으면서 평온을 찾는다. 낯선 곳에서 이파리들이 단풍색을 만드는 소리, 뒤늦게 오솔길을 가로질러 달려가는 다람쥐 소리, 마지막 더위에 꽃가루를 날려 보내는 꽃들의 소리, 오래된 언덕을 건너가는 오후의 바람소리들까지.

방태산으로 해가 넘어가면서부터 〈새들의 노래〉를 들었다. 고독하거나 우울해지면 습관처럼 들으며 생각을 비우는 곡이다. 스페인의 독재자 프란시스코 프랑코 총통에게 카탈루냐가 유린당하고 있을 무렵에 고향을 떠난 첼리스트 파블로 카잘스가 망명지에서 고향의 정취를 그리워하며 만든 곡이다. 첼로의 우울하고 묵직한 선율은 가라앉은 의식의 중앙선을 관통하며 지나갔고, 이어지는 테너의 목소리가 구슬펐다.

거시적 복잡성과 미시적 불확실성이 지배하는 속세로 돌아갈 시간이었다. 산중의 기운이 온몸에 골고루 스며들어 그나마 안심이 되었다. 비가 개면 나타났다가 해가 지면 사라지는 무지개처럼 담담한 일상을 꿈꾸며 느린 걸음으로 산을 내려왔다.

시코쿠 순례길
오헨로

일본 시코쿠

하늘과 바다는 이 세상의 전부다. 하늘은 우주로, 바다는 땅으로 경계 없이 계속된다. 무한으로 뻗어 가면 다시 돌아올 수 없고 끝도 알 수 없는 공해空海다. 승려 구카이의 이름은 그래서 더욱 심오하다.

7세기, 당나라 견당사에 다녀온 구카이는 당나라 수도 장안의 불교를 가져다 일본 토속 주술과 접목시켜 진언종을 창시했다. 그는 여기서 그치지 않고 일본어의 알파벳인 히라가나를 만들어 일본 서도書道를 처음 열었다. 귀족 불교를 서민들이 좋아하는 밀교密教로 확산시킨 것이었다. 석가모니에 버금가는 일본 불도의 중시조로 여길 만하다. 일본인들은 그를 홍법대사弘法大師로 높여 부르며 오랜 세월 변함없는 사랑과 존경을 보낸다.

구카이는 시코쿠에서 수련했다. 방황하던 시절, 어느 날 만난 승려에게서 허공장구문지법을 들었고, 100만 번 외우면 모든 가르침의 참뜻을 알 수 있다는 그의 말에 출가를 결심했다. 이는 불자들의 오랜 가르침이기도 하다. 《삼교지귀》를 통해 유교와 불교, 도교를 분석하고 불교의 우위를 바탕에 두었다.

시코쿠는 일본열도의 가장 큰 육지인 혼슈를 기준으로 세도나이카이 바다 건너 가가와, 에히메, 도쿠시마, 고치 등 네 개 현이 전부인 작은 땅이다. 이곳에서 그는 대승불교를 전파하기 위해 밀교를 확산시키고 자신도 수행에 전념했다. 가가와현 북쪽 젠쓰지는 구카이의 고향이다. 젠쓰善通는 부친의 법명으로, 이 고장 이름의 유래다. 시코쿠에 88개의 절이 건립된 것은 이때부터였다. 완성된 사찰을 따라 사람들은 1,200킬로미터 순례길에 나섰고 세월이 가면서 지금의 오헨로미치가 되었다.

오헨로는 순례자의 길이다. 흰색 상의에 삿갓모자를 쓰고 지팡이를 들면 준비는 끝난다. 불교의 윤회를 살아생전 실천하는 의미에서, 헨로미치를 따라 88개의 모든 절을 돌아 원점으로 회귀한다. 첫 번째 절 료젠지부터 마지막 절 오쿠보지까지는 걸어서 한 달 이상, 자동차로 일주일 정도의 여정이다. 순례는 마지막 날 오쿠보지에 지팡이를 봉납하면 마무리다. 근대까지 오헨로미치에서 순례 도중 생을 마치는 사람들도 많았기에, 흰옷은 도중에 객사할 경우 장례를 위한 준비였다.

오헨로는 무수히 산을 넘고 수시로 태평양이 보이는 바닷가를

○ 삿갓모자에 흰 상의를 입은 순례자

지난다. 절벽을 돌아 나오고 평야를 가른다. 유난히 산이 많은 시코쿠 산하 순례길을 민초들은 인생 여정 그 자체로 여겼고, 걷고 또 걸으며 자신의 심상을 들여다보려 했다. 인간의 어둡고 복잡한 내면을 집요하게 파고들어 답을 구하고자 했다. 나는 누구인가? 무엇을 보았던가? 인간은 결국 무엇인가? 세상이란 어떤 곳인가? 솟아오르는 질문들을 화두로 자신과 대화하며 걷는, 고통 속으로 초대된 의식이었다.

가다가 배가 고프면 이 고장 사람들이 건네주는 오세타이(떡이나 음료, 과일 등 간단한 요깃거리를 담은 선물)를 받아 감사히 먹으며 전진했다. 이때 무엇을 주더라도 거절하면 안 되는데, 부처님의 뜻으로 여기기 때문이다. 허기만 달래고 자신과의 고행을 이어가다 보면 현실에 안주해 나태했던 '나'를 끝없이 일상의 경계 밖으로 밀어내는 시간을 경험할 수 있다. 수행이 지나면 고행의 단계로 다시 그 너머에는 해탈을 향한 득도의 세계가 기다리고 있을 것이다.

어느 나이에 접어들었는지는 중요하지 않다. 인간은 누구나 의식이 정돈되면 그 순간부터 근원과 죽음을 생각한다. 그때의 감정은 일렁인다. 이대로 죽을 수도 없고 이대로 살 수도 없음을 안다. 어디론가 떠날 때가 되었다는 암시다. 그러면 떠나야 한다. 종교적인 이유나 자신의 심연에 출렁이는 파도나 시작은 마찬가지다.

이곳 사람들은 순례가 마음속의 폭풍우를 잠재워 평온을 유지하기 위한 처방전임을 알았다. 고통스럽고 외로운 길이지만 시대를 관통해서 현재까지도 삶의 이정표를 선물받는 소중한 의식이다. 정신이 정돈되면 육체는 자연스럽게 따라오기에 그것만으로 만족이다. 육신은 마음을 가둬두는 한시적 도구에 불과하기 때문이다.

시코쿠에 도착하던 날 다카마쓰 시내에서 찾은 허름한 우동집에 들러 우동 한 그릇을 바닥까지 비웠다. 사누끼 우동은 여행자의 좋은 친구다. 가격은 저렴하고 양도 푸짐하게 퍼주며 맛도 있다. 허기를 때우고 84번째 절을 찾아 나섰다. 야시마지는 멀리서 보니 그 이름대로 큰 지붕 같은 산 능선의 형상이 바닷가에 정교한 모습으로 서 있었다. 첫 번째 사찰 료젠지에서 84번째 절은 비교적 가까운 거리였다.

축지법을 능가하는 도술의 주인공은 자동차다. 골라서 다니는 순례라니. 나는 구기리우치(필요한 구간을 골라서 돌아보는 순례)를 선택한 것이다. 도시우치(시계 방향으로 88개를 완주하는 순례)든 사카우치(88번 절부터 거꾸로 돌아 완주하는 순례)든 기회가 되면 반드시 나머지 사찰까지도 완주하리라는 다짐이 내 몸에서 넘쳐나는 오후였다.

야시마지에는 너구리가 암수 청동상으로 모셔져 있었다. 너구리는 시코쿠 사람들이 가장 좋아하는 동물로, 가족 사랑이 특별한 짐승이다. 사누끼가 '다누끼(너구리)'로 변하여 우동과 라면의 대명사가 된 것은 우연이 아니었다. 야시마지는 일본 전통 신사의 분위기와 절을 조화롭게 배치해놓은 느낌이었다. 왼쪽으로 드넓은 사누끼 평원이 한눈에 들어왔고, 오른편은 세도나이카이 바다가 부드럽게 감쌌다. 일본의 가장 큰 땅 혼슈를 향한 시코쿠의 염원이 배어 있었다.

구카이와 같은 선승들은 매일 밤 죽음의 리허설을 하라고 권한다. 누구도 다음 날 아침 떠오르는 해를 볼 수 있다고 확신할 수 없으니 매일 잠자리에서 오늘이 마지막인 것처럼 눈을 감으라는 것이다. 죽음이 죽음으로 끝나지 않고 삶과 하나가 되기 위해서는 죽음을 벗으로 삼는 수밖에 없다. 그렇게 매일 죽고 태어나는 죽음의 리허설을 하다 보면 삶과 죽음이 하나의 통로에서 서로 반갑게 만나고 있음을 느낀다. 나로 실재하는 것, 영원히 존재하도록 하는 에너지를 찾는 구도의 자세다.

⊂ 시코쿠 순례길

언젠가 유달산에서 만난 구카이는 목포 시가지가 내려다보이는 일등바위 밑에 부동명왕상과 함께 서 있었다. 일제의 개항도시 목포에 한국 불교보다 일본 진언종의 밀교가 더 빨리 유입되어 서민층을 파고 든 역사의 흔적이다. 진언종은 육체와 정신의 합일을 통해 현세의 이익을 인정한다. 동시대 사람들의 생활을 존중하는 종교다. 불교의 섭리와 주술적 미신 체계가 전체와 개체로서 신비적 합일을 지향한다. 다양한 것의 통일로 사람들의 보편적 바람을 담아낸 것이다.

88개 절의 모든 경내에는 승려 구카이의 부조가 있고, 헨로미치에는 20만 개 이상의 공양탑이 공존한다. 이렇게 오헨로미치를 마친다고 끝이 아니라. 번외 순례 20개의 절이 더 기다리고 있다. 다이산지부터 오타키지까지, 숨어 있는 암자를 모두 찾아 만나고 나서야 진정으로 마침표다.

88개를 돌고 20개 더, 불교의 백팔번뇌 가르침인 셈이다. 육체는 탈진하여 기력을 잃을지라도 정신만 온전히 그 속에 중심을 잡으면 성공이다. 세상만사 모든 일 또한 그렇지 아니한가.

아프리카 최남단,
희망봉의 파도

남아프리카공화국 케이프타운

그때나 지금이나 희망은 모두의 기원이다. 일상이 고단했던 사람들과 당대 세계가 그렸을 이상향의 신기원은 이곳에서 시작되었다. 지구에 대한 지식이 제한적이던 시절, 탐험은 단순한 용기 이상의 도전이었다. 망망대해에서 방향을 잡고 별자리에 의지하며 대양으로 향했던 중세 사람들의 용기에 무한한 존경과 감탄을 보내고 싶다.

대륙에는 두 꼭짓점이 있다. 남아메리카의 칠레 푼타아레나스와 아프리카의 희망봉이다. 희망을 담아 떠나고 절망 속에 돌아오던 교차점이었다. 희망봉 앞에 펼쳐진 바다는 경계를 분간할 수 없었고, 대서양과 인도양이 뒤섞인 해변은 세찬 바람으로 바위덩이들만 나도는 거친 곳이었다. 유럽에서 1만 킬로미터나 되는 거리,

아프리카 서해안을 따라 이곳까지 왔을 500여 년 전 그들의 항로는 이제 역사가 되었다.

희망봉은 남아프리카공화국 대서양 해변의 바위로 만들어진 곳이다. 1492년, 포르투갈의 바르톨로메우 디아스Bartolomeu Dias가 처음 발견해 문명 세계와 연결시켰다. 동시대 사람들은 아프리카 남단에 또 다른 대륙이 연결되어 있어 항해로는 인도에 도달할 수 없다고 믿었다. 극동으로 가기 위해 희망봉만큼 보급기지로서 훌륭한 곳은 없었다. 다섯 달의 항해 끝에 엄청난 폭풍에 떠밀려 표류하다가 30일 만에 닿은 육지여서 '폭풍의 곳'이라 부른다. 죽음과 바꾼 모험이었다. 나중에 대항해 시대를 연 주인공 포르투갈의 주앙 2세 시절 '희망의 곳'으로 개명되었다.

케이프타운에서 케이프 곳으로 가는 길은 험했다. 바위 해안을 돌아 나와 경사를 넘고 절벽 모퉁이를 수없이 지나야 하는 인내의 끝단이었다. 케이프타운에서 48킬로미터 거리다. 이곳이 정확하게 아프리카 대륙의 최남단은 아니고, 남아프리카공화국 상세 지도를 보면 대륙의 남서쪽 끝이다. 실제로 최남단은 케이프 곳에서 동남쪽 150킬로미터 지점의 아굴라스 곳이다.

끊임없이 불어닥치는 적도 이남의 아프리카 남동풍은 신기하게 이곳 케이프 곳을 돌면서 잦아들었고, 당연히 극동항로 개척의 중요한 이정표가 되었다. 호주로 가는 범선 항로의 주요 기착지이기도 했다. 모든 선원들이 죽음의 공포에서 벗어나 바람을 피할 수 있는 곳이었고, 그러니 당연히 신령스러운 지점이 되었다.

⊏ 아프리카 최남단 희망봉, 케이프 곶

　스페인이 레콩키스타로 무어인들을 몰아내고 이베리아반도를
통일하면서 영토가 좁아진 포르투갈은 해양으로 나갈 수밖에 없
었다. 세계사를 장식한 엔히크 왕자가 그 주인공이다. 바스쿠 다
가마는 포르투갈 정부의 지원을 받아 배 네 척에 선원 170명을 태
우고 리스본의 벨렘항을 출발했다. 희망봉을 거쳐 10개월 만에 인
도에 도착해 역사에 남는 신항로를 개척해냈다. 대항해 시대와 식
민지 시대, 제국의 시대를 알리는 신호탄이었다.

　남아프리카공화국은 먼저 식민지 개척에 나선 네덜란드의 몫이었다. 1652년, 네덜란드 동인도 회사 얀 리베크는 케이프 일대를 식민지화하고 아프리칸스어를 만들어 통용했다. 원주민 코이산족의 불행이 시작되는 시점이다. 훗날 나폴레옹군과 전투를 벌이던 영국군이 1806년 이 지역을 접수하여 남아프리카공화국이 독립할 때까지 지배했다.

남아프리카공화국과 포르투갈의 인연은 아직도 이어지고 있다. 리스본 벨렘 지구에는 디스커버리 타워 광장이 있다. 엔히크 왕자 시대의 대항해 개척 주인공들을 기리는 곳이다. 공원의 동쪽 대리석 광장 공사를 남아프리카공화국 정부가 지원했다. 문명사회로 연결해준 포르투갈 사람들의 공로에 대한 남아프리카공화국의 보답이었다. 아이러니한 인연이다.

희망봉은 희망 곶의 번역 오류이거나 중국에서 쓰던 용어를 그대로 차용한 것이다. 우리 머릿속에는 케이프 곶보다는 희망봉이 더 익숙하게 남아 있다. 87미터 높이의 바위산에 올라 등대를 돌아보고 해변으로 내려갔다. 'Cape of Good Hope'라는 이정표는 거센 바람에도 꿋꿋하게 버티고 서 있었다. 자연을 거스르는 인간의 오만인지도 모른다. 그 앞은 잠시도 서 있기 어려울 정도로 풍속이 매서웠고, 날아가지 않으려 이정표의 포스트를 단단히 붙잡고 버텼다.

돌아서서 바다를 향해 가슴을 열고 두 팔을 벌렸다. 오른쪽은 대서양, 왼쪽은 인도양이었다. 우현의 유럽으로 가는 길과 좌현의 인도 아시아 항로가 내 품 안에 들어온 느낌이었다. 오랜 기다림 끝에 만난 대륙의 끝에서 인생의 버킷리스트 하나를 지워내는 순간이었다.

수에즈운하가 개통되기 전까지 유럽의 모든 선박들은 희망봉 코스가 유일한 항로였다. 그러나 최초로 이곳에 도착한 이들이 포르투갈 사람들은 아니었다. 그리스 시대에 이미 항해한 흔적들이 기록물로 남아 있다. 헤로도토스의 《역사》에는 "고대 페니키아인들이 아프리카 해안을 따라 적도를 넘고 모진 고생 끝에 어느 지점에 당도해보니 태양이 북쪽에 떠 있었다"라는 문장이 등장한다. 또한 아랍인들은 훨씬 전부터 이 항로를 알고 있었다는 방증들도 많다. 서양 중심 역사 공부의 허점일 수도 있다.

케이프타운으로 돌아오는 길은 바람이 잦아들어 평온했다. 한때 남아프리카공화국 최대 도시였으나 요하네스버그와 더반에 밀려 지금은 살기 좋다고 소문난 아담한 항구도시로 남았다. 거주자는 백인들이 대부분이고 치안도 좋다. 맑은 공기, 기막힌 자연, 신이 내린 지형 때문에 지구상 마지막 낙원으로 꼽히는 지역이다.

2024년 미국의 뉴스 매체 CNN은 케이프타운을 '세계에서 가장 살기 좋은 도시'로 선정했다. 인위적으로 만들 수 없는 자연환경이 좋은 도시의 결정적 조건인 셈이다. '세계에서 가장 살기 좋은 도시' 42위 서울에서 비행기로 20시간을 넘게 날아온 사람이 케이프타운을 바라보는 시선은 부러움이 가득했다. 도시가, 자연이, 공기가 인간을 행복하게 만들어주는 케이프타운이다.

등대에서 구입한 케이프반도의 항공 사진은 늘 나의 눈을 정화시켜주는 부적이다. 아프리카 대륙 끝단에서 남쪽으로 뻗어나간 바위산의 줄기가 먼 신화처럼 다가오곤 한다. 포말을 일으키는 암반 지형의 바다 접점, 종착지를 가늠할 수 없는 대양의 물결이 장엄하다. 가끔 바라보는 것만으로도 지친 일상의 에너지 처방전이다. 육지가 끝나면 바다로 회귀하는 세상의 이치처럼 생명으로 시작하여 다시 죽음으로 환원해가는 인간계의 반복은 거대한 자연계의 모방품일 뿐이다.

존 웨인의
파우마밸리

미국 샌디에이고

거친 땅이었다. 메마른 사막형 토질 위에 낮은 관목들이 드문드문 점묘화처럼 수놓아져 있었다. 들판인가 싶다가도 계곡의 경사가 따라 내려왔고, 다시 평원으로 이어지는 점과 선이 반복되었다. 그 끝자락에는 수많은 봉우리들이 대오를 맞추듯 이어져 있었다. 하늘로 솟는 수직과 지면으로 내려앉는 수평이 만나는 접점이었다.

미국 로스앤젤레스에서 샌디에이고로 향하는 길은 언제 보아도 화성의 지형을 닮은 원시적 풍경을 떠올리게 한다. 멀리 로키산맥에서 이어져 내려온 서부 산맥들이 태평양을 만나기까지 캘리포니아의 대지는 끝을 알 수 없을 만큼 광활하다. 파우마밸리는 오래전 인간 공동체가 유목 형태로 번성했던 곳이다. 무수한 산과 골짜기를 지나는 길목마다 오렌지와 아보카도 농장이 드문드문 보였다. 탐스러운 열매들은 신의 선물처럼 구릉을 따라 이어진 이랑마다 주렁주렁 매달려 있었다. 물이 만들어낸 녹색의 파우마밸리는 이제 세계적인 리조트 단지로 탈바꿈해 미국 상류층의 관심을 끌고 있다.

이 일대에 인간이 나타난 시기는 대략 9천 년 전으로 추정된다. 미국 고고학계는 약 7천 년 전 무렵부터 인디언 부족들이 본격적으로 이 지역에서 생활했을 것으로 보고 있다. 루이세뇨 인디언을 비롯해 쿠페노스, 라호야, 팔라, 린콘 밴드 등 여러 부족의 유물들이 계속 발견되고 있다. 현재의 시설 역시 18~19세기 백인들의 점령 이후 오랜 세월 축적된 정성과 땀으로 이뤄진 열매였다. 적절한 햇빛의 선물 덕분에 근처 테메큘라는 유명한 와인 산지가 되었다.

평원에서 물은 곧 생명이다. 오랫동안 이 땅의 주인으로 살아온 인디언들은 물을 하늘과 동격으로 여겼다. 간절한 기우제에도 불구하고 연중 비다운 비가 한 번 오기 어려운 땅은 오직 태양 아래에서 버텨왔다. 그런 척박함 속에도 물줄기가 솟아나는 파우마밸리는 그야말로 절대자가 내려준 축복이라는 말 외에는 설명할 길이 없었다.

1846년 미국과 멕시코 전쟁 당시, 제임스 K. 폴크 대통령의 명령으로 미국 남서부 주둔 병사들에게 전투령이 내려졌다. 초기 장병 모집은 쉽지 않았고, 결국 아이오와에서 온 몰몬교도 자원병들이 나섰다. 이들이 주축을 이룬 대대는 약 3,200킬로미터에 이르는 먼 길을 마차와 도보로 행군해 샌디에이고까지 내려왔다. 6개월에 걸친 진군 끝에 이루어진 병력 배치였다. 먼저 애리조나가 점령되었고, 로스앤젤레스 남쪽 테메큘라 일대의 파우마 인디언 부족들 역시 큰 전투 없이 미국에 유리한 전황 속에서 상황이 종료되었다.

이 무렵부터 파우마밸리는 세상 사람들에게 알려지기 시작했다. 장구한 세월 동안 초원과 사막을 누비며 살아온 라호야 부족이 파우마의 주인이었다. 비교적 가까운 애리조나 모뉴먼트밸리의 나바호족들과 함께 광야를 누볐던 이 땅의 주연들이었다. 용맹하면서도 영민하고, 과감하면서도 절도 있게 부족 공동체의 가치를 지켜온 아메리카 대륙의 산증인들이다.

20세기 불멸의 영화배우 존 웨인John Wayne은 모뉴멘트밸리에서 서부 영화를 촬영하다가 이곳 파우마로 들어와 휴식을 취하곤 했다. 골프장이 들어서고 롯지에 경비행장까지 갖춰지는 데는 그리 오랜 시간이 필요하지 않았다. 사회간접자본 투자가 미미했던 1960년대의 개발은 시간과 노력의 기나긴 싸움이었다.

존 웨인은 기골이 장대했다. 중부 아이오와 윈체스터 출신으로 느린 말투와 낮은 목소리, 193센티미터에 이르는 큰 키 덕분에 개척 시대의 전형적인 카우보이 이미지를 대표했다. 《역마차》,《알라모》,《마지막 총잡이》 등 수많은 히트작으로 아카데미 남우주연상을 받았는데, 그를 스타로 만든 이는 존 포드 감독이었다. 서던캘리포니아대학교 럭비부 동료였던 두 사람은 할리우드를 뜨겁게 달궜다. 캘리포니아 영화의 상징에서 미국 대륙의 우상으로 올라서기에 충분한 연기와 협업이었다.

존 웨인이 명배우로 유명해진 뒤부터 파우마밸리는 골프를 즐기는 은밀한 공간이 되었다. 경비행기는 주말마다 그를 태우고 내렸다. 닉슨 전 대통령과 빌리 그래함 목사도 존 웨인의 골프 파트너였다. 골프 선수 아놀드 파머 역시 그 무렵 매주 토요일 아침을 파우마밸리 컨트리클럽에서 보내곤 했다. 산봉우리로 둘러싸인 파우마밸리의 평온함과 아늑한 자연풍광은 그들에게 보기 드문 휴식의 파라다이스였을 것이다.

파우마밸리에는 지금도 존 웨인의 롯지가 남아 있다. 코스 중간에 자리한 하우스는 최근 리모델링을 마쳐 20세기 중반의 모습으로 단장되었다. 말을 타고 드나들 수 있도록 설계된 뒷마당에는 아름다운 캘리포니아 야생화들이 계절을 만끽하고 있었다. 거인의 자취가 남아 있는 숲을 지나 아웃코스 10번 홀로 발길을 돌렸다. 초여름의 태양은 강렬하게 대지에 내리꽂혔고 내 손목에는 검은 흔적이 남았다. 캘리포니아 곳곳에 남아 있는 존 웨인의 흔적은 대스타와의 추억처럼 간직되어 있었다. 얼바인의 관문인 존 웨인 공항부터 파우마의 롯지까지 이 땅은 그의 체취가 남아 있는 은둔의 영지였다.

존 웨인의 롯지 자리에는 오래전부터 전해오는 이야기가 있다. 한 여행자가 지나가는 길에 이 마을의 인디언 현자를 찾아왔다. 그런데 여행자는 현자의 초라한 행색과 보잘 것 없는 움막을 보고 놀라, 어떻게 아무것도 없이 이렇게 살 수 있느냐고 물었다. 현자는 잠시 침묵한 뒤 여행자에게 되물었다. "그대의 것은 어디에 있나요?" 여행자는 대답했다. "제 것이요? 저는 여행자 아닙니까. 그저 지나가는 존재일 뿐이지요." 그러자 인디언 현자는 조용히 웃으며 말했다. "나도 마찬가지요."

소유보다는 삶의 태도를 말해주는 이야기였다. 사람이 이 세상에 올 때보다 죽고 떠날 때 더 기뻐할 수 있는 삶을 살라는 가르침. 오늘날까지 수많은 미국인들이 기억하는 라호야 인디언 부족의 아름다운 삶의 철학이다.

골프계의 전설 로버트 트렌트 존스가 설계한 코스는 18홀 내내 깊은 호기심을 자극했다. 우선 거리 표시가 없어서 온전히 골퍼의 감각과 경험으로 거리를 가늠해야 했다. 관목과 거목의 적절한 조화, 영화제 시상대의 카펫을 떠올리게 하는 잔디는 밟고 지나가기 미안할 정도였다. 로스앤젤레스와 샌디에이고, 뉴포트비치의 부자들이 선호하는 명문 코스다운 품격이었다. 수준 높은 코스와 적절한 난이도의 배합은 좀처럼 정복하기 힘든 성채의 느낌이었다.

주변의 황량한 풍경은 마치 파우마의 녹색 그린 코스를 위해 일부러 장식해놓은 거대한 풍경화 같았다. 척박한 분지 한가운데에서 신의 도움을 받아 물로 다스려온 오랜 위엄이 이 풍요로운 클럽의 모습에 스며 있었다. 수만 년 동안 버팔로와 인디언이 지배했던 이 땅은 개발된 지 60년도 되지 않아 세계 100대 골프 코스로 손꼽히게 되었다.

○ 산봉우리로 둘러싸인 파우마밸리

라호야 인디언들은 지금도 멀지 않은 보호구역에 소수로 남아 있다. 이 아름다운 명문 코스를 한국인 기업가가 인수해 캘리포니아 경제계의 화제가 되었다. 주변의 버뮤다 듄스 등 여섯 개 코스를 함께 경영하고 있다고 한다. 높아진 국격의 자부심이 가슴 밑바닥을 채우며 올라오는 느낌이었다. 이름난 파우마밸리 코스를 미지의 동양인이 인수해 21세기 새로운 관계가 맺어질 줄을 존 웨인의 시대에 누가 예측이나 했을까? 알 수 없는 게 세상일이다.

어떤 사람이 모두가 칭찬하는 예술 작품을 만들면 우리는 훌륭하다고 말한다. 그러나 낮과 밤의 변화, 태양과 달, 하늘에 떠 있

는 별의 흐름, 열매를 익게 만드는 계절의 순환을 바라보면 그것
들이 인간보다 훨씬 더 큰 능력을 가진 존재의 작품이라는 사실
을 깨닫게 된다.

인간보다 자연의 위대함을 진중하게 관찰했던 파우마 인디언
들의 사고는 아직도 유효하다. 예지력이 넘치는 라호야 인디언 언
어들은 언제 접해도 깊고 경이롭다. 인간의 힘은 항상 절대자의 에
너지 아래 자리한다. 겸허하게 그 위치를 지키며 자연의 섭리를 수
용해온 자세가 파우마 사람들의 이치였다.

클럽의 가장 럭셔리한 존 웨인 룸에서 저녁을 즐기고 밖으로 나
오니 사방은 이미 어둠이 짙게 깔려 있었다. 라운딩의 행복한 피로
와 와인의 아름다운 취기가 가벼운 포옹으로 만나는 시간이다. 생
각해보면 인간의 삶은 길목마다 죽음이 지키고 있다. 결과적으로
사람은 반드시 죽는다. 아메리카 이민자들이 점령했든, 인디언들
이 점령당했든, 이 땅은 그대로 남았다. 그리고 훗날 반대 대륙의
머나먼 변방에서 찾아온 나 같은 나그네도 잠시 쉬어갈 수 있는 호
사를 누리게 되었으니, 대지의 역사란 바로 그런 것인지도 모른다.

오염이라는 단어조차 허락되지 않을 것 같은 맑은 밤하늘에서
별들이 쏟아져 내렸다. 꽃들의 향기가 사방으로 번져 가냘픈 내 후
각을 여지없이 흔들었다. 파우마밸리를 누볐던 라호야 인디언들
의 함성이 잘 가꿔진 컨트리클럽의 평원을 메우며 달려오는 듯하
다. 젊은 전사들이 수탉처럼 살기를 치장하고 깃발을 나부끼며 바

파우마밸리

람을 가르는 환영처럼 느껴졌다.

사방은 고요하다 못해 적막했다. 파우마의 기나긴 역사를 어둠이 포근하게 감싸안고 있었다. 와인의 기운 속에서 바라본 파우마의 밤은 그 누구도 소유할 수 없는 신비로움을 품은 채, 영원한 유토피아를 꿈꿨다.

인문 여행자, 사라진 시간을 걷다

2026년 4월 8일 초판 1쇄 | 2026년 4월 22일 7쇄 발행

지은이 김경한
펴낸이 이원주

책임편집 류지혜　　**디자인** 진미나, 윤민지
기획개발실 강소라, 김유경, 박인애, 고정용, 최연서, 이채은
마케팅실 정주호, 권금숙, 양봉호, 신하은, 현나래, 박미진
디자인실 정은예　**디지털콘텐츠팀** 최은정　**해외기획팀** 우정민, 배혜림, 정혜인
경영지원실 강신우, 김현우, 이윤재　**제작실** 이진영
펴낸곳 쌤앤파커스　**출판신고** 2006년 9월 25일 제406-2006-000210호
주소 서울시 마포구 월드컵북로 396 누리꿈스퀘어 비즈니스타워 18층
전화 02-6712-9800　**팩스** 02-6712-9810　**이메일** info@smpk.kr

쌤앤파커스(Sam&Parkers)는 독자 여러분의 책에 관한 아이디어와 원고 투고를 설레는 마음으로 기
다리고 있습니다. 책으로 엮기를 원하는 아이디어가 있으신 분은 이메일 book@smpk.kr로 간단한
개요와 취지, 연락처 등을 보내주세요. 머뭇거리지 말고 문을 두드리세요. 길이 열립니다.